Abschied vom Abendland

Für meine Mutter und für Helmut

Isolde Pietsch

Abschied vom Abendland

Das Drama des Geburtenschwunds

Herstellung: Books on Demand GmbH, Norderstedt
www. humankultur. de 2003 Köln

ISBN: 3-8330-0343-X

Inhalt

Vorwort 7

Kapitel eins 10

Demographisches Desaster - kein Stein bleibt auf dem anderen 10

Kapitel zwei 23

Geschlechterfrage: Sind Männer die besseren Frauen? 23

Kapitel drei 32

Der Moloch Beruf und die Verwüstung des Familialen 32

Kapitel vier 45

Menschen in der Zeitfalle 45

Kapitel fünf 54

Die wetterwendischen Werteapostel 54

Kapitel sechs 65

Ökonomie ohne Nachwuchs 65

Kapitel sieben 74

Mit Zuwanderern Luftschlösser bauen 74

Kapitel acht 86

Die Medienbühne und das immerwährende Herrenballett 86

Kapitel neun 98

Wohnen in den Kartenhäusern der Experten 98

Kapitel zehn 108

Das unfruchtbare Land der Ethikertheorethiker 108

Kapitel elf 118

Kulturrevolution aus dem Bauch heraus 118

Kapitel zwölf 128
Moscheen statt Kirchen: Was wird aus Europa? 128
Kapitel dreizehn 140
Humanbankrott via „Pflegeversicherung" 140
Kapitel vierzehn 152
Weltbevölkerung an der Wegscheide 152
Kapitel fünfzehn 162
Parole am Abgrund: Lernen, was nicht lehrbar ist ! 162
Nachwort 173

Vorwort

Was ist los mit einer Gesellschaft, einer Kultur, einer Zivilisation, der Menschen zugehören, die sich nicht mehr bestandserhaltend fortpflanzen? Und zwar bestandserhaltend in dem Sinne, dass die Generationenabfolge stimmt, dass also die Zahl derer, die das Licht der Welt erblicken in einer Art Balance steht zu jener, die sie durch Tod verlassen. Über Deutschland - und Europa - liegt der Schatten des demographischen Desasters. Viel zu wenig Kinder werden geboren, die Völker steuern auf Szenarien zu, die von Jugendmangel geprägt sind. Sozialsysteme geraten dadurch ins Wanken, lebenstragende familiäre Netzwerke lösen sich auf. Worin liegen die Gründe für eine solche letztendlich zukunftszerstörerische Entwicklung, für den Gebärstreik der Frauen, für den anhaltenden Unwillen von „Mutter Natur“, den einst selbstverständlichen Kindersegen zu gewähren?

Wer nach Antworten sucht, die an den Wahrheitskern heranreichen, muss bereit sein, auf die leise Melodie des Lebens zu hören wie sie den privaten Alltag mit seinen Geborgenheitsräumen begleitet. Daraus erwachsen Erkenntnisse, die zu der Vermutung führen: Je mehr wissenschaftliches Wissen mit Alleingültigkeitsanspruch, je mehr glitzernde technische Erfindung, je mehr Vorrang der ausserhäuslichen Welt des „Jobs“ zulasten innerhäuslicher Regionen des Tätigseins von Menschen für Menschen, desto schlechtere Chancen für das natürliche Strömen von Humanenergie. Also jener Energie, die das Aufwachsen von Kindern genauso speist wie etwa den individuellen Beistand für gebrechliche Alte. So wie es aussieht, begeht das sogenannte „Abendland“ langfristig Selbstmord per Enthumanisierung.

Eine offene Debatte darüber war bisher nicht möglich, nicht zuletzt deswegen, weil Männer als Dominanzgeschlecht Wortführer sind auf der Medienbühne. Um es auf den Punkt zu bringen:Ihren Bäuchen entquellen keine Kinder, sie fühlen sich nicht zuständig für die Welt des häuslich Menschenumsorgerischen. „Kinderkram“ ist kein Thema zumal für die intellektuelle Herrenelite. Die zerbricht sich lieber in diversen „Ehtikkommissionen“ geistvoll den Kopf über Moralfragen des Forschens am Embryonalen.

Dieses Buch schlägt einen weiten Bogen der Betrachtung im Blick auf das sich entwickelnde demographische Drama. Es entlarvt unter anderem die von Wirtschaftsführern und Politikern gepflegte Illusion einer massgeschneiderten Zuwanderung, die angesichts des sich abzeichnenden Fachkräftemangels quasi auf Knopfdruck aus dem Ausland einsetzen soll, als Produkt einer Mischung aus Unwissenheit und nationaler Arroganz. Und es rechnet auch ab mit scheinheiligen „Werteverteidigern“, insbesondere denen der katholischen Männeramtskirche, die dem zu erwartenden demographisch bedingten Vordringen des Islam nichts entgegenzusetzen hat.

Was lässt sich lernen aus der schweren Humankrise? Fest steht eines: Die „Sprache des Herzens“ muss neu eingeübt werden;dies wiederum ist nur möglich, wenn nicht irgendwelche Experten in irgendwelchen Kommissionen dem Volk sozusagen das Maul verbieten. Letzteres allein ist nämlich in Wahrheit zuständig für Fragen von Leben und Tod wie sie ja verwoben sind mit dem Geburtenminus und dessen verheerenden Folgen.

Kapitel eins

Demographisches Desaster - kein Stein bleibt auf dem anderen

Eine stille Revolution vollzieht sich in Deutschland und Europa. Sie geht von den Frauen aus, die nicht mehr genügend schwanger werden, um für Humanbestandserhaltung zu sorgen. Das Donnergrollen einer Katastrophe wird vernehmbar Kaum jemanden aber scheint ernsthaft die Frage zu beschäftigen, wo genau es seinen Ursprung hat, wie es überhaupt dazu kam und was wohl im einzelnen passiert, wenn der zu erwartende Wettersturz die Gesellschaft ereilt und sie vor sehr harte Herausforderungen stellt. Die Rede ist vom Drama der Demographie, das die Natur, die Menschennatur gewissermassen aus sich selbst heraus inszeniert.

Es ist zwar inzwischen ins Bewusstsein gedrungen, dass die Bevölkerungsentwicklung Probleme aufwirft, dass zu wenige Kinder in die Welt gesetzt werden und das Volk „altert". Das Ausmass der Veränderung, die mit jener stillen Revolution einhergeht, offenbart sich dabei aber nicht. „Kein Stein bleibt auf dem anderen" - diese griffige Formel umschreibt wohl am besten die künftige Gemengelage. Gewohnter Wohlstand und soziale Sicherheit sind gefährdet. So viel steht fest. Der Geburtenschwund

- zusammen mit sich auflösenden Familienstrukturen - hat vor allem jedoch kulturzerstörerischen Humanraubbau zur Folge, indem er Menschen und Gesellschaft aus Verankerungen wechselseitiger Fürsorglichkeit herausreisst. Das heisst mit anderen Worten:Es wird letztendlich starker Druck entstehen, das herrschende System des Wirtschaftens, Handelns und Denkens von Grund auf zu renovieren. Das Ziel kann dabei nur lauten, neue Fundamente der Menschlichkeit, der Mitmenschlichkeit und des Gemeinschaftsförderlichen zu zimmern.

Schon seit den siebziger Jahren des vergangenen Jahrhunderts fehlt in Deutschland rund ein Drittel der Kinder, die geboren werden müssten, um den sogenannten „Generationenersatz" zu sichern. Jener Fachausdruck aus dem Vokabular der Demographen bedeutet:Um die Elterngeneration durch die Kindergeneration zu ersetzen, ist es notwendig, dass zumindest zwei Kinder pro Paar das Licht der Welt erblicken. Da es vorkommt, dass Menschen sterben, bevor sie das Erwachsenenalter erreicht haben, lautet die Masstabszahl der Demographen für die sogenannte „Bestandserhaltung" eines Volkes im statistischen Durchschnitt 2, 1 Nachkommen pro Frau im gebärfähigen Alter.

In Deutschland liegt die Geburtenrate jedoch anstelle jener Zahl im statistischen Mittel etwa bei 1,3. Das Schwungrad der demographischen Entwicklung nun entfaltet seine Wirkung über weite

Zeiträume, und zwar in einer Weise, die nicht rasch einfach wieder korrigierbar ist, selbst wenn sich das Gebärverhalten änderte, in diesem Fall also wieder mehr neuen Erdenbürgern und Erdenbürgerinnen zum Leben verholfen würde. Die Dynamik des Geburtenrückgangs bewirkt nämlich eine Kettenreaktion nach dem Gleichungsmuster: Weniger Kinder ist gleich weniger Eltern ist gleich weniger Kinder ist gleich weniger Eltern und so fort. Zwar gestaltet sich das statistische Bild der Fruchtbarkeit in Europa unterschiedlich. In skandinavischen Ländern fällt die Geburtenrate höher aus als in Deutschland. Dasselbe gilt für Frankreich und Irland etwa. Dagegen präsentiert sie sich in Italien und Spanien beispielsweise noch niedriger als in Deutschland.

Was spezifisch Osteuropa angeht, so kommen zwar in Polen mehr Kinder zur Welt als in Bulgarien oder Rumänien etwa. Nirgendwo jedoch gestalten sich die Geburtenzahlen so, dass sozusagen in der früher ganz selbstverständlichen Weise den Alten oder Älteren genügend Junge oder Jüngere nachfolgen würden. Grundsätzlich gilt: Europa - jener Kontinent, dem unter dem Szepter von Geschichte und Kultur der Titel „Alter Kontinent" zufiel - leidet aufs ganze gesehen unter dem Übel mangelnder Regeneration seiner Völker. Das dekorative Beiwort „alt" entfaltet also einen bedenklichen Doppelsinn. Angesichts der dies Übel begleitenden Alterung der

Bevölkerung sieht der „Alte Kontinent“ wortwörtlich „alt“ aus.

Bevölkerungswissenschaftler führen, wenn sie darstellen wollen, worum es geht, dem Publikum ein bestimmtes graphisches Bild vor Augen. Danach stellt sich die Lage ungefähr so dar: In den Anfangszeiten des letzten Jahrhunderts glich der Bevölkerungsaufbau in Deutschland einer Pyramide. Sie setzte sich zusammen aus einem breiten Jugendsockel, darauf aufbauenden grossen Anteilen jüngerer Personen gefolgt zur Spitze hin von älteren und schliesslich alten oder sehr alten Menschen.

Später dann - im Laufe des 20. Jahrhunderts - wandelte sich das Pyramidenbild insofern, als der Jugendsockel schmäler wurde und in den darauf fussenden Anteilen weiter oben Ausbuchtungen nach rechts und links sichtbar wurden, darstellend jüngere oder „mittelalte“ Menschen, gefolgt nach oben hin von allmählich schmäler werdenden Teilen älterer oder alter. In die Zukunft hineingedacht - bis zur Mitte des jetzigen Jahrhunderts etwa - entwickelt sich demographisch eine Situation, die das ursprüngliche Bild mehr oder weniger ins Gegenteil verkehrt, die Pyramide sozusagen auf den Kopf stellt. Der Jugendsockel schrumpft immer mehr, der Anteil der älteren und alten Menschen wächst immer mehr. Aus dem Munde von sogenannten „Familienpolitikern“ tönte denn auch zum Beispiel bereits Besorgnis darüber, dass es Mitte dieses Jahrhunderts im

Vergleich zu seinem Beginn nur noch halb so viele Menschen unter 20 Jahren geben werde.

Viele Daten sind schon hinlänglich bekannt:Bisher war jeder, jede vierte Einwohner(in) über 60 Jahre alt, bald wird es jeder, jede dritte sein. Am heiss diskutierten Thema der Rente, der „Rentensicherheit", lässt sich besonders eindrucksvoll ablesen, welche Lunte da am Pulverfass glimmt, in dem der demographische Sprengstoff lagert. Tatsache ist, dass der vielzitierte aus der Bismarck-Ära stammende „Generationenvertrag", der abhängig Beschäftigten (und ihren Familien) nach dem Ausscheiden aus dem Erwerbsprozess weiterhin soziale und finanzielle Sicherheit geben sollte, die Basis eingebüsst hat. Von einem „Generationenvertrag" - so formulierte es bereits vor längerer Zeit der deutsche Bevölkerungswsissenschaftler Herwig Birg - könne keine Rede mehr sein, wenn bereits ein Drittel der deutschen Frauen kinderlos bleibe. Die Tendenz gilt als steigend, womöglich wird gar eine 40-Prozentmarke erreicht. Demographen diskutieren manchmal über die Frage, was in der Bevölkerungsbilanz im Negativen mehr zu Buch schlägt:verbreitete Kinderlosigkeit oder aber ein Mangel an Familien, in denen mehr als zwei Kinder aufwachsen. Entscheidend ist jedenfalls die Gesamtbilanz - und die fällt vereerend aus.

Lange übrigens wurden die Demographen mit ihren Warnungen in Deutschland überhaupt nicht ernstgenommen Vor ein paar Jahren noch übergoss sie eine führende deutsche Tageszeitung in ihrem Feuilleton gar mit Spott, indem ein von Unkenntnis strotzender Autor sie als das „lustige Völkchen der Bevölkerungswissenschaftler" abzuqualifizieren suchte. Allmählich allerdings wandte sich das Blatt. Es dämmerte, dass ihre Prognosestatistiken Zukunftsentscheidendes beinhalten.

Vorerst allerdings bleibt viel davon noch verborgen hinter den schön bemalten Kulissen eines scheinbar nie endenden Fortschritts. Da wird die Vision eines von genetischen Defekten befreiten Menschen verbreitet. - so als hinge davon das Heil des Einzelnen und der Gesellschaft ab. Da werden hitzige Debatten darüber inszeniert, inwieweit der Mensch unter Nutzung seines molekularen Zellentstehungsmaterials sich selbstnützlich verwerten darf. Wer sich die düsteren demograpischen Daten vergegenwärtigt, merkt den schreienden Kontrast zwischen der von den mächtigen Wissenschaftlern und ihren Freunden in der Medizinindustrie forcierten Blickverengung auf Organfunktionales und der das Lebensganze betreffenden Humankrankheit wie sie sich in eben jenen demographischen Daten manifestiert.

Noch sind da zwar, was letztere angeht und das daraus resultierende Schwinden der Humanressourcen, starke Stimmen der Beruhigung vernehmbar. Angeblich warten ja viele viele Zuwanderer vor den

Toren Europas oder auch Leute dieser Spezies in seinen östlichen Teilen mit dem unwiderstehlichen Drang „nach Westen", jedenfalls also Menschen, die ins „gelobte Land" wollen, vor allem nach Deutschland. Letztere nun sollen - offenbar vorher fein gefiltert gemäss ihrer Nützlichkeit für den Arbeitsmarkt - die Deutschen erlösen aus ihren demographischen Nöten. Sie sollen die schädliche „Alterung"der Bevölkerung abmildern, Fachkräftemangel beheben, Kinder auch zur Welt bringen, die fehlen, um rentenmässig die Zukunft zu sichern.

Zu schön, um wahr zu sein, lässt sich da nur sagen. Logischerweise werden mit der Zeit Wanderungsbewegungen einsetzen. Das „leerer" werdende Deutschland und andere Staaten des Kontinents mit ähnlichem Trend ziehen künftig sicher wie ein Magnet Menschen von ausserhalb an. Das mag unter anderem für die südlichen Anrainerstaaten des Mittelmeeres zutreffen, wo die Bevölkerung weiterhin kräftig wächst und mit starken Jugendjahrgängen zu rechnen ist, denen der Arbeitsmarkt nur ungenügend Lohn und Brot bietet.

Die Beruhigungspille mit dem vermeintlichen Superwirkstoff namens „bedarfsgerechte Zuwanderung" wird sich aber mutmasslich als Flop erweisen. Dies vor allem, wenn sich erst einmal herausstellt, dass die gesuchten „Qualifizierten" gar nicht Schlange stehen, um ihre Zelte in Deutschland aufzuschlagen. Es ist ja auch nachgeradezu lächerlich, anzunehmen, da warteten anderswo nur ganz viele darauf, die Chance ihres Lebens zu erhalten, indem sie gleichsam die passenden Flicken liefern für das löcherige Bevölkerungsgewand der Deutschen oder anderer Europäer.

Und abgesehen davon:Die, die kommen werden im Zuge des Fortschreitens der Zeit - gerufen oder ungerufen - kommen aus ihnen vertrauten Heimatgefilden in ein fremdes Land, in dem sie Zeit und Kraft benötigen, sich zurechtzufinden. Sie muten sich selbst und der Nation, die sie aufnimmt, sehr viel zu. Hinter der ständig gebrauchten Floskel von der „Integration" verbirgt sich Herkulesarbeit. Und im übrigen: Deutschland ist keine Einwanderungsregion, wie sie etwa die Vereinigten Staaten, Kanada oder Australien in ihrer Geschichte darstellten. Lassen wir hier das hässliche Wort von der „Vergreisung" einmal beiseite. Fest steht:Eine stark alternde Gesellschaft, stark alternde Völker verkörpern das Gegenteil jugendlich-dynamisch strukturierter Bevölkerungen wie sie in den sogenannten klassischen Einwanderungsländern vor allem zu früherer Zeit vorhanden waren.

Hunderttausende, so haben es die Demographiefachleute der Vereinten Nationen prognostiziert, müssten demnächst jedes Jahr nach Deutschland zuwandern, um den Verzerrungen im Altersaufbau - also zuwenig Junge und Jüngere, zu viel Ältere und Alte - entgegenzuwirken. Das passiert so natürlich nicht. Was für ein Gegensatz aber zwischen einer solchen Bevölkerungsskizze und dem immer wieder seitens der Politiker bekundeten Bemühen, die Tore möglichst dichtzumachen, um „unerwünschte" Zuwanderung zu verhindern.

Klar ist so viel: Menschen einer Region, eines Staates, deren Bevölkerung sozusagen eine Art Selbstmord auf Raten betreibt, indem sie nicht mehr genügend Nachkommen erzeugt, um den Generationenkreislauf lebendig zu erhalten, müssten Selbsterforschung betreiben, in sich gehen und im Zuge einer schonungslosen Bilanz nach den Ursachen für ihre Reproduktionskrise suchen. Sie müssten es und sollten es. Aber es geschieht praktisch nicht. Warum ist das so? Ein Grund liegt darin, dass keine Gedankenexpeditionen in den die Gesellschaft tragenden Untergrund unternommen werden, also hin zu den Nährströmen des Privaten, des individuell Häuslichen, in dem sich menschliches Miteinander abspielt.

Riesigen Heerscharen von Experten, sogenannten Experten, rollen Medien und Politik tagtäglich den Roten Teppich aus, aufdass diese scheinbar wahrhaft Wissenden Erkenntnisse, ohne die absolut nichts läuft, ausspucken. Permanent tropft sozusagen Wissen aus dem Riesenmaul der Experten, das Leben und Überleben in moderner Zeit allein möglich zu machen scheint. Dagegen wirkt der sogenannte gesunde oder natürliche, naturgegebene

Menschenverstand zwergenhaft, wie etwas, worauf es gar nicht mehr ankommt. Auf diese Weise wird sie erstickt - jene leise Melodie des Lebens, die, nicht zuletzt intoniert von jenem Menschenverstand, den privaten Zusammenhalt trägt, in den der ewige Kreislauf von Geburt und Tod eingebettet ist. Lebenspraktische Menschlichkeit ist so gleichsam ohne Sprachrohr, auch wenn sie von überragender Bedeutung ist für alles, was mit eben diesem privaten Zusammenhalt zu tun hat und mit Familie und mit Kinderbekommen und Kindergrossziehen.

So kommt es denn auch, dass das Menetekel am Zukunftshorizont, welches sich darin äussert, dass Mütter in ihrer lebenserhaltenden Funktion zur „bedrohten Art“ werden, gar nicht in seiner Menschen und Menschlichkeit gefährdenden Auswirkung erfassbar wird. Die leise Melodie des Lebens - sie erklingt sozusagen tagtäglich im privaten Haushalt mit seinen vielfältigen Anforderungen vor allem noch immer spezifisch an die Arbeitskraft von Frauen. Das aber, was sich da am Arbeitsplatz Haushalt abspielt, da also auch, wo das Humanelixier „Mütterlichkeit“ immer knapper wird, ist scheinbar privat-banal, nicht der Rede wert, vor allem nicht der öffentlichen Rede. Zeitschluckende und kräftebeanspruchende Haushalt-und damit Menschenversorgungsarbeit ist in unserem völlig dem Lichtkegel der Erwerbsarbeitswelt zugeordneten Dasein ja auch offiziell gar keine Arbeit. Sie rangiert eher unter „Freizeit“.

Haushaltarbeit wie einkaufen, kochen, putzen, spülen, waschen, bügeln, aufräumen e. t. c - und damit für sich selbst und für andere sorgen - das ist nichts, das gibt´s grundsätzlich umsonst. Da kommt die „Ressource Frau“ ins Spiel, grenzenlos abschöpfbar, nie versiegend, nicht sonderlich erwähnenswert. Solche „Freizeitarbeit“ - wenn denn doch von einer Art Arbeit gesprochen werden soll- kann augenscheinlich jeder, jede;das ist nicht mal was für gering Qualifizierte, nein für überhaupt nicht Qualifizierte. Insonderheit weibliche Menschen haben da ganz einfach etwas „im Blut“. Eine „Hausfrau“ - das ist demnach der Inbegriff des Unbedeutenden, mit dem allgemeinen Fortschritt kaum zu Vereinbarenden, da in keinerlei „Qualifikationsschema „ Passenden.

Aus der „Hausfrau“ letztlich also eine ökonomische Null machen, aber gleichzeitig klammheimlich ihre Menschenversorgungs-und umsorgungstätigkeit zu grossen Teilen berufstätigen Frauen mit aufzuhalsen - das rächt sich freilich. Darin liegt eine Ursache der demographischen Katastrophe. Die vom dominierenden Manngeschlecht ausgegebene Parole, Arbeit nur als Arbeit zu werten, wenn sie gegen Lohn verrichtet wird, wirkt in dieser Gesellschaft gleichsam als immerwährende Denkblockade. Sie verhindert, die Alltagswelt des privaten Innerhäuslichen mit dem Ineinander von praktischer Arbeit und Gefühlszuwendung richtig zu gewichten und den Kollisionskurs zwischen ihr und der alles überstrahlenden Erwerbsarbeitswelt wahrzunehmen und Schlüsse daraus zu ziehen.

Es ist empfindlich kühl geworden am heimischen Herd, dieser Energiestation des Lebens. Der Geburtenschwund mit seinen verheerenden Folgen legt davon Zeugnis ab. Weniger Kinder, zu wenige Kinder, fehlende Reproduktion - das bedeutet generell Auflösung wesentlicher die Gemeinschaft tragender humaner Stützelemente. Konkret: Es sind nicht nur nicht Menschen nicht da, die im Zuge ausreichender Humanfruchtbarkeit da sein müssten. Das Defizit hat für die Menschen selbst unmitelbare Auswirkungen. Sie haben weniger Geschwister, weniger Onkel und Tanten, weniger Nichten und Neffen, weniger Cousins und Cousinen - um dies als Beispiel zu nennen. Verwandtschaft unterliegt also einem Schrumpfungsprozess.

Ein fataler Verlust im menschlichen Miteinander zeichnet sich ab. Dieser Verlust hat natürlich auch Folgen materieller Art in Form von gewaltigen Kosten für die Sozialkassen. Diese bekommen es ja doch zu spüren, wenn Menschen zunehmend weniger eingebunden sind in verwandtschaftliche Netze, wenn niemand da ist, der in Situationen von Bedrängnis und Hilfebedürftigkeit privaten (kostenlosen) Beistand leistet.

Solches interessiert freilich Wirtschaftsbosse kaum. Die wehren sich häufig gegen menschenfreundliche erweiterte Teilzeitarbeitsregelungen unter Hinweis, selbige seien mit Tätigkeitsabläufen nicht vereinbar, die nun mal den ganzen und nicht nur den halben Jobinhaber forderten. Die kurzsichtigen Bosse wollen, dass der Rubel rollt, sind aber nicht fähig , zu erkennen, dass er dies auf Dauer nur dann tut, solange ihre Unternehmen sich von einer Humanwelt nähren können, in der Menschen Muße und Kraft haben, füreinander da zu sein. Wenn der Humanmotor stottert, gerät gewissermassen alles ins Wanken.

Das demographische Drama jedenfalls wird seinen Lauf nehmen, das Leben in Deutschland und Europa verändern, auch dem sogenannten Abendland - infolge Zuwanderung - nach und nach ein neues Gesicht geben. Da es für diesen Entwicklungsprozess im Grunde keine historischen Vorbilder gibt, lässt sich sein Verlauf im einzelnen nicht vorhersagen. Eines aber wird schon jetzt deutlich: Das Drama hat durchaus zu tun mit einem verdeckten Krieg - Krieg zwischen den Geschlechtern. Die scheinbar Schwachen (Frauen) siegen dabei über die scheinbar Starken (Männer). Per Schwangerschaftsverweigerung mit negativen Folgen nämlich zeigen Erstere den Letzteren die Grenzen maskuliner Herrlichkeit auf.

Kapitel zwei

Geschlechterfrage: Sind Männer die besseren Frauen?

Wie kann es dazu kommen, dass ein Volk, dass Völker sich einem kollektiven Humanabbauprozess ausliefern, einfach dadurch, dass Frauen nicht angemessen für Nachwuchs sorgen? Gebetsmühlengleich wurden in Deutschland über Jahre - etwa seit den achtziger Jahren des vorigen Jahrhunderts - Sprüche wie dieser heruntergeleiert: Man lebe doch in einem so „reichen" Land, daher dürfe es doch gar keine „Kinderfeindlichkeit" geben, irgendwie sei da schädlicher Egoismus im Spiel. Damit wurde, wie sich vielen das Thema betreffenden Artikeln männlicher Autoren und diversen Sonntagsreden von die „Werte" verteidigenden Herren entnehmen liess - den Deutschen unterstellt, sie hätten sich zu einer Art selbstsüchtiger Individualisten entwickelt, denen augenscheinlich vorwiegend das Materielle wichtig sei und die Kindergrossziehen als Wohlstandsbremse betrachteten.

Zum erstenmal tauchten denn auch in der Öffentlichkeit Plakate auf mit der strengen Forderung: „Mehr Zeit für Kinder!" Gleichzeitig etwa erhielten Bücher Konjunktur, in denen vornehmlich Männer über das angebliche Vergessen von „Tugenden" philosophierten wie sie auch als moralische Bauelemente im familiären Bereich vonnöten seien. Es war dies zugleich die Zeit, in der zum Beispiel in Köln eine Boulevardzeitung in Jubel ausbrach, als die städtische Statistik in einem Jahr mehr Geburten als im Vorjahr registrierte. Nunmehr - so frohlockte sie seinerzeit - habe man endlich wiederentdeckt, wie schön das Leben mit Kindern sei, Babies seien doch so etwas Süsses! Das selbstverständlich manngeleitete Blatt feierte eine Momentaufnahme. Sei es jene famose „Zeit für Kinder" - Parole, seien es neunmalkluge Reden maskuliner „Werte"-Prediger, seien es journalistische Fanfaren zugunsten „süsser Babies": Was davon blieb oder bleibt, das ist die Rückschau auf leere Beschwörungsrituale, die verhindern, was dagegen einzig Sinn ergibt: nämlich sehr sorgfältiges Blättern im Buch des Lebens, des Alltagslebens zumal, wo Männer und Frauen das Private organisieren.

Wie dieses Leben aussieht, welche Chancen es zum Beispiel für eine sogenannte Familiengründung, für die Aufzucht von Kindern zumal bietet, das hängt logischerweise von der Verfasstheit der Welt ab, in der es sich abspielt. Welchen Gestaltungsprinzipien folgt diese Welt? Welchen Gestaltungsprinzipien politischer, ökonomischer, sozialer oder geistig-kultureller Art? Die Antwort ist - betrachtet unter dem Geschlechteraspekt in historischer Perspektive - eindeutig. Selbstredend waren und sind noch immer jene Prinzipien maskulin inspiriert und geformt.

Man soll sich da nicht täuschen: Die sogenannte Emanzipation hat Gewichte verschoben - in dem Sinne, dass Frauen viele Fesseln der Unterdrückung durch das Partnergeschlecht lockern oder sich davon befreien konnten. Aber wer sich die Mühe macht, sorgsam den Nuancen des Beziehungsgefüges, des Spannungsfeldes Mann-Frau nachzuspüren in ihrer Bedeutsamkeit für das Leben als Ganzes, der merkt: Ein sehr hoher Preis war dafür zu zahlen, einer, der sich als schier unbezahlbar erweist. In dem Masse, in dem Frauen vorgedrungen sind in die manngeprägte Erwerbsarbeitswelt, auch überhaupt in die manndominierte Arena des Öffentlichen mit ihren Schauplätzen, auf denen für die Gesellschaft die Stichworte gegeben werden, in dem Masse haben sie nach und nach die Welt des Weiblichen, des Häuslichen, des Familialen, also ihre ureigenste Domäne verlassen., hinter sich lassen müssen. (Wie weit sie gegen ihren Willen von Männern darin festgehalten wurden, ist hier nicht Gegenstand der Erörterung.)

Die Frauen haben sich also mannähnlich in Form gebracht, notgedrungen angestammt Weibliches dabei verleugnend, weitenteils den Wärmespender namens „Mütterlichkeit“ auf Sparflamme reduzierend. Beides zusammen funktioniert nämlich nicht: einerseits den durchaus nicht nur Kindern förderlichen, sondern generell Menschen und der Menschlichkeit dienlichen Wärmespender in Betrieb zu halten und andererseits mannmässig zu agieren, sprich in den Konkurrenzkampf einzutreten und hart mitzufechter in den rauhen Gefilden der Erwerbsarbeitswelt. Da werden bekanntlich zeitweilig auch Boxhandschuhe benötigt, da müssen Frauen die Glacehandschuhe ablegen, mit denen sie dereinst den männlichen „Ernährer“ der Familie anzufassen pflegten. Und da müssen sie die Arbeitsschürze vergessen, die sie traditionell umbanden, um den Lieben ein „Wohlfühlheim“ zu bereiten.

Man könnte auch sagen: Die Welt des Mannes, diese Welt, in der traditionell davon ausgegangen wurde, dass dem Männlich-Ausserhäuslichen das Weiblich-Innerhäusliche entspricht, hat sich weit und immer weiter ausgedehnt, indem auch Frauen darin mehr und mehr Fuss zu fassen vermochten, gewollt oder vielleicht auch ungewollt. Das hatte zur Folge, dass dieses Innerhäusliche mit seinen Alltagsaufgaben bei der Menschenversorgung sozusagen das Siegel der Unbedeutendheit erhielt, den Anschein des Unerheblichen ohne Anspruch auf sonderliche Aufmerksamkeit. Dies führte zu Anpassungsdruck für Frauen, sprich zum Zwang der Anpassung an männliche Masstäbe. Was „Leistung“ ist, leitet sich bekanntlich heute ab aus den Dimensionen der Berufsarbeit, aus denen des Gelderwerbs also, die wiederum eng verzahnt sind mit denen von Bildung und Ausbildung. Als Nichts erscheint vor solchem Hintergrund die private Umsorgung von

Menschen, angefangen bei Küchendienst und Putzeinsatz bis hin zu umfassender Mann -und Kinderbetreuung oder aber auch nervenzehrendem seelenbelastenden Einsatz für alte hilfebedürftige Anverwandte zum Beispiel. Das scheinbare Nichts ist aber in Wahrheit eben nicht nur nicht Nichts, sondern bedeutet eher Alles, wenn es darum geht, alltagspraktische Humanität als Lebensnelixier aufrechtzuerhalten.

Die Ehefrau des Ministerpräsidenten eines deutschen Bundeslandes traf sicher den Nagel auf den Kopf, als sie einmal öffentlich selbstbewusst bemerkte: „Ich ermögliche Politik". Die Dame - als Mutter von fünf Töchtern - wusste, wovon sie sprach. Ihr unermüdliches schwer arbeitsreiches Engagement an der familiären Haushaltsfront war Voraussetzung für die Karriere des Ehemannes. Jenes Zitat lässt sich ins Allgemeine übersetzen: Private unbezahlte, also nicht „fachqualifikatorisch „ gemessene und zu bemessende Dienstbereitschaft im Innerhäuslichen ermöglicht im Grunde vielfach erst den reibungslosen Ablauf des Ausserhäuslichen, da, wo es scheinbar allein zur Sache geht, wo nach offizeillem Kriterium das Bruttosozialprodukt erwirtschaftet und Jagd auf ökonomisches Wachstum angesagt ist. Als wäre das auch so schwer zu begreifen: Leute, die gestresst von der Erwerbsarbeit nach Hause kommen - sei das nun ein Topmanager oder aber ein Bauarbeiter - brauchen eine Form der heimischen Fürsorge, die sie instandsetzt, „draussen“ den Anforderungen zu genügen.

Am besten durchmogeln können sich da - neben Singles (ohne familiäre Verpflichtungen) - berufstätige Paare ohne Kinder. Schon bei einem Kind wird es schwierig. Ein Problem sieht so aus: Frauen gelten heute - trotz des Bekenntnisses jener Ministerpräsidentengattin - im Grunde erst als „Berufsfrauen“ als wirklich ernstzunehmende Frauen. Sie sollen Abziehbildern der männlichen Jobinhaber gleichen. Sie müssen denn auch auf diese Weise am Erwerbsarbeitsplatz gar die Kunst der Verstellung üben - nämlich so tun, als seien sie von privat-heimischen Pflichten ganz Unbelastete, als sässe da jemand zu Hause, der ihnen wie traditionell die Frau dem Mann dort zuarbeitet. Solches kann aber im Endeffekt nicht gutgehen. Der Geburtenschwund legt davon beredtes Zeugnis ab Es klappt eben einfach nicht, dass Frauen das Spiel der Männer mitspielen, als brächten sie für das Spiel dieselben Voraussetzungen mit wie eben diese.

Das Männervolk selbst - gerade seine Führungsfiguren wie prominente Politiker etwa - offenbart ja selbst Doppelzüngigkeit, zeigt sich unentschieden in dem, was denn nun gelten soll: die Powerfrau, die es dem Manne gleichtut oder aber die Frau, die irgendwie doch noch etwas an sich hat von der treusorgenden Hausmutter alten Zuschnitts. Gerne erwecken sie den Anschein, als sei alles auf einen Nenner zu bringen. Aber das wiederum gibt das Leben, das weibliche Leben, nicht her, so ausbeutbar ist es nicht. Dieses nicht wahrhaben wollend lassen männliche Politiker häufig - auf Kosten der Frauen - die Familie hochleben, insonderheit, wenn es ihr eigenes Privatleben betrifft. Sie geben sich dann gern gefühlsbetont, lassen verlauten, sie seien gar keine nur machtorientierten Macher, eingebunden in hektische Tagesgeschäfte, sondern ganz im Gegenteil richtige „Familienmenschen", die heimische Behaglichkeit schätzten, stets bereit, „aufzutanken" zuhause bei ihren Lieben. Sie nehmen dann schon mal vor den Fotografen entweder ihren eigenen noch jungen Nachwuchs auf den Arm oder aber diverse Enkel. Das macht sich gut -und hat doch leicht Infames an sich. Denn - selbstredend - haben diese männlichen Dynamiker in Form der eigenen Frau, die das Haus hütet, einen weiblichen „Akku" zur Verfügung. Der Gemeinschaft als Ganzem gebricht es aber eben gerade an einer solchen Aufladestation für das Leben.

Das ewige Herumstochern im Nebel von „Familienpolitik" hilft da überhaupt nicht weiter, wenn nicht endlich verborgene Wahrheiten auf den Tisch kommen: Kindererziehung - das ist nicht nur eine scheinbar hehre Aufgabe (vornehmlich angeblich von weiblichen Menschen), für die man vielleicht mehr Geld locker zu machen hätte, zum Beispiel in Form gar eines „Erziehungsgehalts" oder in Form von Finanzmitteln für mehr Kindergarten-und Kinderhortplätze. Nein, damit parallel läuft das Ableisten von Arbeitsstunden im Haushaltlichen in der vielfältigen Form dessen, was seinen Betrieb funktionsfähig sein lässt. Allzuleicht wird dabei vergessen: Kinderumsorgung ist auf Seiten von Müttern häufig gleichzusetzen mit Männerumsorgung. Von Lohn oder Gehalt für Letzteres spricht natürlich niemand.

Die demographisch marode Gesellschaft krankt an einem Widerspruch. Zwar ist eine Entwicklung in Gang gekommen, in der Weibliches - im Zuge des „Aufstiegs" des Weiblichen - sich sozusagen vermännlichte, umgekehrt aber hat sich Männliches - im Zuge eines „Abstiegs" des Männlichen - sozusagen nicht verweiblicht. Wobei im einzelnen darüber zu diskutieren wäre, was -unter Humangesichtspunkten - ein Aufstieg ist und was ein Abstieg. Ein junger Vater, der - unter Inkaufnahme eines möglichen „Karriereknicks"- ein Kleinkind betreut, lernt ja jedenfalls eine andere Perspektive des Lebens kennen als bei Analyse der verfahrenstechnischen Anwendbarkeitschancen einer neuen Chipgeneration. Drücken wir da mal so aus. Wie auch immer: Aufstieg und Abstieg entsprechen sich nicht. Am praktischen Beispiel skizziert: Wenn da etwa ein Motto lautet „Mädchen am Computer qualifizieren, Frauen für Technik begeistern !" - dann wäre der Umkehrschluss nötig, also zum Beispiel: „Jungen am Kochtopf qualifizieren, Männer für Aufgaben am heimischen Herd begeistern!".

Aber das Weltgestaltungsmonopol liegt nun mal im Denken und im Handeln auf männlicher Seite. Damit verbindet sich nach wie vor die Vorstellung von „Normalität". Und das heisst: Frauen müssen fit sein fürs Technische, genau wie Männer, die da vor ihnen hermarschieren in die Zukunft immer neuer technischer Erfindungen. Daher auch mag denn Geschlechter-Arbeitsteilung betreffs des Innerhäuslichen und Ausserhäuslichen ein frommer Wunsch bleiben. Dass die Lage so ist wie sie ist - das hängt selbstverständlich mit Althergebrachtem zusammen. Traditionell haben Männer stets, was eben jene Weltgestaltung angeht, für Frauen mitgedacht, mitformuliert, mitentschieden, mitregiert. Das ging - und geht immer noch - nach der Devise: Wir Männer setzen die Akente im „Weltgeschäft" nicht nur für uns selbst, sondern auch „mit" für weibliche Menschen. Daraus folgt letztendlich: „Männer sind die besseren Frauen!" Sprich: Männer wissen besser als Frauen selbst, was für sie gut ist.

Nun allerdings - angesichts des demographischen Desasters, des Familienzerfalls, des Geburtenmangels - kommt dergleichen Hochmut vor den Fall. Die Bevormundung des Weiblichen, damit auch die Niederhaltung lebenspraktischen Denkens münden ein in das Versiegen von Lebensquellen.

Kapitel drei

Der Moloch Beruf und die Verwüstung des Familialen

Einen Beruf ausüben - das ist Teil der Lebenswirklichkeit des Menschen , verknüpft mit Lernen und Studieren, mit Gelderwerb, der den Lebensunterhalt sichert, mit Prestigegewinn, Chance der Selbstverwirklichung. Wie gesagt, Teil der Lebenswirklichkeit. Von den Transparenten medial vermittelter, gesteuerter Öffentlichkeit prangen jedoch andere Botschaften. Danach sind Berufsausübung und Qualifizierung hierfür, besonders „Fachqualifizierung“ - wie das Modewort heisst - existenzentscheidend. Sie - so erscheint es danach - halten Staat und Gesellschaft in Gang, bedeuten zugleich allein Sinngebung für den Einzelnen und die Gemeinschaft.

Dieser ständig verwendete Begriff „Fachqualifizierung“ wirkt schon fast wie eine alles ins rechte Lot bringende Medizin, gleichsam auch wie ein Synonym für stetigen Fortschritt, für permanentes Wachstum, für „globale Wettbewerbsfähigkeit“. Solch ökonomistisch getränktes Reden macht jedoch bei Lichte besehen aus der Lebensrealität einen Torso. Unterschlagen wird, dass „Fachqualifikatorisches“, welcher Art auch immer, von vorgegebener nichtverfachlichter Naturqualität lebt, besonders solcher im privaten Bereich, wo das Leben entsteht und vergeht, wo sich von Generation zu Generation „Mutterboden „ bildet, der Menschen Zeit zur Reife lässt, sie überhaupt erst instandsetzt, sich der Schubfächer der beruflichen Erwerbsarbeitswelt zu bedienen, dort Wissen und Ausbildung einzubringen. Da, wo dieser Boden austrocknet, verkümmert, einfach dadurch, dass Gebärerinnen fehlen, mangelt es empfindlich an jener Naturqualität oder Humanqualität-wie man will.

Letztere aber entzieht sich dem Wirken moderner „Qualitätssicherer“, die sich inzwischen mehr und mehr darin gefallen, sogenannte „Qualitätssiegel“ zu verteilen, zu diesem Zweck „Qualitätskontrollen“ einzuführen bestrebt sind und „Qualitätsmanagement“ propagieren. Jenen „Mutterboden“ nun aber, über dessen schlimmen Zustand die Demographie Auskunft gibt, können sie nicht bewirtschaften mit Pflügen der Marke „Fachverstand“. Dieser Fachverstand bedingt ja, dass dessen Besitzer eine Brille tragen, die sie zwar Ausschnitte von Welt und Leben schärfer und deutlicher sehen lässt als „Normalmenschen“, jedoch um den Preis, dass dabei die Horizontlinien des Lebensganzen in gedanklichem Nebel verschwimmen. So geht denn bei ihnen die „Bodenhaftung“ verloren.

Die von der dominanten Erwerbsarbeitswelt und den sie begleitenden Bereichen der Bildung und

Ausbildung auf den Sockel allgemeinen Respekts gestellte „Fachkraft" überstrahlt jedoch mittlerweile fast alles Schier nichts scheint mehr möglich ohne „Fachperspektive". Schon möchte man laut protestieren mit dem Ruf: „Es gibt ein Leben jenseits der Fachqualifikation!" Da lassen sich schöne Beweise anführen: Menschen werden oder sind Mütter und Väter - ohne Fachausbildung. Sie besorgen den privaten Haushalt (reich bestückt mit weiblichen „Arbeitsbienen", die nicht in einer Fachschule waren)- ohne Fachausbildung. Sie helfen beistandsbedürftigen Alten zum Beispiel, auch pflegerisch, ohne Fachausbildungsgang. Überhaupt: Menschen sind für Menschen da, sie teilen miteinander Freuden und Leiden, trösten einander, machen sich gegenseitig Mut, setzen sich wechselseitig auseinander, halten das Alltagsleben in Bewegung, ohne dass sie zuvor hierfür „Fachkompetenz" erworben hätten. Eine Banalität? Mitnichten in einer Zeit, in der dieses Alltagsleben so sehr ausser Takt geraten ist, dass die Humanreproduktion behindert wird.

Als im vorigen Jahrhundert die Industrialisierung einsetzte, vorangetrieben von Männern auf der Basis ständig neuer technischer Erfindungen, begann der schleichende Prozess allmählicher Lockerung der Stützelemente des Familiären, dieses lebenserhaltenden privaten Menschenverbundes. Der Strom der mit jener Industrialisierung einhergehenden gesellschaftlichen Veränderung liess Hauspersonal das Haus verlassen. Kindermädchen, Dienstmädchen,

Köchinnen, Zugehfrauen, auch „Knechte“ und „Mägde“, in höheren Kreisen die „Dienerschaft „ suchten Lohn und Brot in den neu entstehenden Wirtschaftszweigen der ausserhäuslichen Welt. Innerhäusliches und Ausserhäusliches begann nach und nach auseinanderzudriften. In allen Bevölkerungsschichten zerfaserte im Lauf der Jahre zunehmend das im wesentlichen weiblich gewirkte Geflecht der Familienhaushaltung, in die Junge und Alte eingebunden waren.

Dies ist hier nicht der Ort, um - wie Wissenschaftler, ausgestattet mit ihrer „Fachautorität“, dies tun würden - irgendwelche historisch-familiensoziologischen Erörterungen anzustellen, sich aus sozialwissenschaftlicher Perspektive in die Thematik Familie und ökonomischer Wandel zu vertiefen. Der solchermassen verengte Blick der Wissenschaft taugt da nicht. Hier nämlich geht es im wahrsten Sinn des Wortes ums Ganze. Und dabei ist das Geschlechterverhältnis in seiner zentral -lebenspraktischen Bedeutung Dreh-und Angelpunkt der Betrachtung. Warum also haben mit der Zeit solche Einbrüche im privat-familiären Lebensgefüge stattgefunden, dass es zutiefst geschädigt ist, wie man das am Geburtendefizit und seinen Humanauflösungseffekten ablesen kann?

Ohne Zweifel: Das Leben wurde eingepresst in das mannkonstruierte Gestänge einer alles beherrschenden Ökonomie, die eigenen Gesetzen der Wertschöpfung folgt, orientiert an der völligen Dominanz ausserhäuslicher Produktivität und Gewinnerwirtschaftung. Daraus resultiert vielerlei Begriffsverwirrung. Diese Allesbeherrscher- Ökonomie, die quasi Zensuren verteilt bezüglich dessen, was gedacht und entschieden werden muss, hat sich nämlich auch Begriffe einverleibt und sie mit ökonomistischer Ausdeutung belegt. Anschauliches Exempel hierfür bilden solche Vokabeln wie „Dienstleistung“, „Dienstleister“, „Dienstleistungserbringer“, „Dienstleistungsgewerbe“.

„Dienstleistende“ sind demnach beispielsweise Informationstechnikvertreiber, die ein Unternehmen mit passender Computersoftware versorgen oder aber etwa Unternehmensberatungsfirmen, die einem Kunden erklären, wie er im Personalbereich eine „Verschlankung“ vornehmen kann. Dem „Dienstleistungsgewerbe“ werden immerhin - etwas näher an alltäglichen Menschenbedürfnissen - unter anderem das Gaststättenwesen oder die Taxibetriebe oder Handwerksbereiche zugerechnet. Geleisteter Dienst ist in der offiziös ökonomischen Sicht jedenfalls aber gegen Geldzahlung geleisteter. Insofern ist das Kochen eines mehrgängigen Essens im privaten Häuslichen samt der damit einhergehenden Vorbereitung in Form von Einkaufen und Nachbereitung in Form von Tischabräumen, Spülen und Geschirr wieder in den Schrank Stellen weder Dienst noch hat es irgendetwas auch nur entfernt mit Leistung zu tun. Überspitzt gesagt: Kochen ist demnach wie

Golfspielen - beides spielt sich ja in der sogenannten Freizeit ab, also nach Erwerbsarbeitsversion der Zeit ohne Dienst und Dienen. Dasselbe gälte in dieser Logik denn auch etwa für das Putzen des Bades und ins Kinogehen oder für Staubsaugen und Computerspiele spielen oder aber für Wäsche bügeln und durch den Wald wandern. Etwas anders stellen sich die Dinge erst dar, wenn im Privatbereich gegen Lohn gekocht, das Bad geputzt, gestaubsaugt oder gebügelt wird.

Ein wenig wird Dienst als Dienst, als der Gemeinschaft dienlicher Dienst, angesehen, wenn er auf dem Feld der „Ehre „ sich vollzieht. Gerne lassen die Politiker ja auch das „Ehrenamt“ hochleben. Die „Ehre“ scheint da schon mal ein bisschen den Glanz des Geldes aufzuwiegen. Grundsätzlich aber gelten die Dienst-Vorstellungen der Wirtschaft mit ihren dort Dienst Verrichtenden, sprich dem bezahlten Job Nachgehenden. Dagegen ist denn auch der sogenannte Dienst am Nächsten, der nicht mit Lohn honorierte auf der Privatszene, offensichtlich keiner, der sonderlich der Erwähnung bedürfte und Würdigung verdiente. Beispiel: Als Angehöriger der alten Tante Frieda beim Fensterputzen helfen oder Onkel Theo im Pflegeheim besuchen - das ist demnach keine Dienstleistung. Zu sagen, dass es hier ja auch um menschliche Zuwendung, um Menschlichkeit geht, das scheint gar nicht zu passen zur vorherrschenden erwerbsarbeisgeprägten Definition von Dienst und Leistung.

Menschliche Zuwendung und in der Lebenspraxis ankernde Menschlichkeit sind aber sehr wohl mit dem Erbringen einer Leistung verbunden, möglicherweise einer ganz besonderen, weil oft auch Nervenstärke dazu erforderlich ist. Leistung, die etwa so aussieht, dass der alten Tante Frieda nicht nur die Fenster geputzt werden, sondern ihr Mut gemacht wird zum Leben, dieweil sie in Sorge sich befindet wegen ihrer zunehmenden Gebrechlichkeit. Oder Leistung, die darin besteht, Onkel Theo in den Rollstuhl zu helfen und selbigen aus dem Heim heraus in den benachbarten Park zu kutschieren, in der Hoffnung, Luft und Sonnenschein könnten etwas die zunehmend depressive Stimmung des Onkels vertreiben.

Zur Speerspitze des modernen Wirtschaftslebens werden bekanntlich die sogenannten „Leistungsträger" gezählt. Leute dieser Art gelten als Wirtschaftsankurbler, als solche, ohne die sich die ökonomischen Schwungräder nicht drehen. Jedoch, was vollkommen ausser Acht bleibt, ist dies: Diese Leistungsträger bedürfen einer Leistung, die ihre Leistung trägt. Gewöhnlicherwiese ist sie immer noch weitgehend an weibliche häusliche Dienstbereitschaft geknüpft. Dienstbereitschaft also dort, wo sich das Erledigen eines Hausarbeitspensums sozusagen symbiotisch vermischt mit dem Hin-uns Herfliessen personaler Gefühlsströme. Wenn es in diesem Hinterland der Wirtschaft und ihrer sogenannten Leistungsträger jedoch nicht mehr richtig stimmt, wenn da nichts mehr zeitangemessen menschen-und lebensfreundlich funktioniert - dann sieht es letztlich auch sehr düster aus für die Wirtschaftsfront, die ja aus der häuslichen Etappe Kraft bezieht. Das Geburtendefizit demonstriert am deutlichsten den Kräfteverfall in der Etappe.

Hier ein Seitenblick, der erkennen lässt, wie absolut blind allerdings die männlichen Wirtschaftsmatadore und die ihnen verbundenen maskulinen Denkregimenter bezüglich des zutiefst gestörten Verhältnisses zwischen Front und Etappe sind: Im - selbstverständlich manndominierten - Feuilleton einer führenden deutschen Tageszeitung erschien vor einiger Zeit ein Artikel, in dem angeheizt wurde zum Aufbruch in die Welt des technischen Fortschritts, wobei der Autor suggerierte, dass sie wunderbare Chancen eröffne für jeden und jede, der oder die „eigenverantwortlich" (ein Lieblingswort der Fortschschrittsprediger) dortselbst mitzumischen willens sei. Ganz nach der Mannmilitär-Uraltdevise „Jeder hat den Marschallstab im Tornister!" hiess es da sinngemäss: Wer könne schon sicher sein, dass da vielleicht nicht in Zukunft sogar eine den Job einer Küchenhilfe in einem Restaurant verrichtende Person privat in der Freizeit, am „Feierabend", eine neue Computersoftware entwerfe, die sich gar als vermarktungsfähig erweise? Ob die Küchenhilfe männlichen oder weiblichen Geschlechts war, blieb offen. Im Falle von weiblich träte das Absurde besonders hervor. Männlicher Eingeschlechtsblick kann Naheliegendes gar nicht wahrnehmen: dass nämlich die Küchenhilfe ausser bezahlten Stunden in der Küche des Restaurants andere unbezahlte in der heimischen Privatküche ableistet, was in Verbindung mit weiterer Haus-oder Humanversorgungsarbeit-wie man es nun nennen will - keine Zeit lässt für erfolgsträchtige Computer-Bastelarbeit.

Aber was wissen schon die, die - sagen wir mal - denkerisch in den Baumkronen von Wissenschaft und Fortschritt nisten und trotz der Rückschläge der „New Economy“ ständig neuer Technik und dem Technischen als solchem vertrauen, vom Wurzelboden, von dem der Baum sich ernährt? Was wollen sie überhaupt wissen vom Natürlich-Existentiellen der Lebensbasis?. Für sie ist der Humankraftspender des Weiblich-Mütterlichen irgendwie wahrscheinlich einfach da - so wie der Sauerstoff in der Luft. Kinderkriegen und sich praktisch-häuslich sorgen um Andere - dies ist nicht ihr Revier. Und also machen sie es sich weiter gemütlich in ihren geistigen Höhenpositionen.

Auf diese Weise verprasst die Wirtschaft sozusagen ihr Humankapital, ohne es recht zu merken. Humankapital - das bedeutet ja gleichzeitig auch Sozialkapital. Sozialkapital wie es sich beispielsweise in verwandtschaftlichen Beziehungen kumuliert, die den privaten Zusammenhalt stützen. Einer, der nach Dienstschluss an einer neuen Computersoftware herumtüftelt- um das vorgenannte Beispiel noch einmal zu streifen - kann natürlich nicht gleichzeitig den Hund von Onkel Gustav ausführen, welchselbiger in die USA gereist ist und daher sich um das Tier nicht kümmern kann beziehungswseise auch nicht in dessen Schrebergarten im Fall von Trockenheit die Gießkanne schwenken. Und er ist auch nicht in der Lage, gleichzeitig den fälligen Krankenhausbesuch bei Tante Maja zu machen, ihr Trost zuzusprechen angesichts einer sie gefährlich belastenden Herzschwäche und im Schrank des Patientenzimmers nachzusehen, ob dort für sie noch genügend frische Nachthemden bereitliegen.

Apropos Sozialkapital: Der US-amerikanische Soziologe Robert Putnam, berühmt durch seine Studie mit dem Titel „Bowling alone" (Allein kegeln) beklagte als einer der Ersten mit grosser Öffentlichkeitswirkung vor allem in den USA den Verlust solchen Kapitals infolge starker familienzerstörerischer Trends wie sie der Moloch Berufswelt auslöst. Er konstatiert eine daraus resultierende Krise privaten Vertrauens, die sich unter anderem darin äussere, dass Verwandtschaftsnetze zerreissen oder aber auch Klubs - etwa Kegelklubs - , in denen Freundschaften über lange Zeiträume gepflegt werden, sich auflösen. Es ist sicher so: Die allmählich das Leben überwuchernde Monokultur der Berufswelt wirkt durch das Höchstmass an Aufmerksamkeit und Engagement, das sie beansprucht, gemeinschaftsunfreundlich. Sogenannte „After work" - Parties (also „Nach der

Arbeit"-Parties) in diversen Grosstädten können nicht darüber hinwegtäuschen.

Nichts illustriert den Widersinn dieser Monokultur übrigens plastischer als der durch die Rentenproblematik bedingte Ruf nach einer Verlängerung der sogenannten „Lebensarbeitszeit". Da eventuelles Arbeiten gar bis siebzig vielleicht für Männer und Frauen gleichermassen gelten soll - nach der Devise: „Frau ist gleich Mann" - heisst das dann zum Beispiel: Zuhause ist keiner mehr, sprich etwa eine vitale Grossmutter, die auf Enkel aufpasst und eine Tochter etwa, die den hochbetagten Vater betreut. „Keiner zuhause" bedeutet hinwiederum auch: „Menschen allein zuhause", sprich Menschen ohne die Hilfe anderer Menschen. Dadurch aber steigen die sogenannten „Soziallasten" der Gesellschaft ins Uferlose - siehe teure (sowieso antihumane) Heimunterbringung. Ein Teufelskreis entsteht da, der die männlichen Rententheoretiker, die nur ihre Fachzahlenstatistiken im Kopf haben, selbstredend nicht im geringsten beschäftigt.

Bekanntlich spielte schon bei der seinerzeitigen politischen Entscheidung, das sogenannte Renteneintrittsalter für Frauen den Männern anzugleichen und schrittweise von 60 auf 65 Jahre anzuheben, der Gedanke an weibliche Familienarbeit, also Menschenbetreuungs-und Menschenversorgungsarbeit keinerlei Rolle. Die Dinge wurden geregelt nach dem lebensfremden einfachen Strickmuster: eine Frau im Beruf ist dasselbe wie ein Mann im Beruf. Basta.

Wie dem auch sei: Trotz des Minus in der Humanbilanz infolge Schrumpfung von Sozialkapital in Form menschlichen Zusammenhalts wird häufig so getan, als habe sich nichts geändert. Anschauliches Exempel: Im deutschen Sozialgesetzbuch Nummer elf, das die Basis des bürokratischen Ungetüms namens „ Pflegeversicherung" abgibt, wird allen Ernstes ein „Netzwerk" von Angehörigen, Freunden und Nachbarn beschworen, dessen sich angeblich sogenannte „Pflegebedürftige" bedienen könnten Das ist Betrug, nichts anderes. Ein solches „Netzwerk" gab es früher, heute existiert es höchstens noch ganz rudimentär. Und bei Verlängerung der „Lebensarbeitszeit" für Frauen und Männer wird nichts mehr davon übrig bleiben. Die Frauen, die vornehmlich derlei „Netzwerke" lebendig hielten, stehen nicht mehr zur Verfügung. Die männlichen Gesetzestexter wollten wohl mit jener Fata Morgana unter anderem die abstrus mageren Leistungen jener sogenannten Versicherung bemänteln, die auch nicht ansatzweise den Prinzipien wirklich humaner Umsorgung von alten Gebrechlichen gerecht werden.

So tun als ob - als ob die Strukturen des menschlichen Zusammenlebens sich nicht geändert hätten, als ob der Moloch Berufsarbeitswelt nicht in grossem Masse Humanenergien daraus herausgesogen hätte, als ob da weiterhin vorwiegend weibliche Ressourcen mobilisiert werden könnten, um Menschen, etwa den sogenannten „Pflegebedürftigen“ menschlichen Beistand zu leisten - dies ist fatal. Dies verhindert, Schlüsse zu ziehen aus dem demographischen Desaster samt dem damit einhergehenden Humannotstand. Auf solche Weise wird die Entwicklung dringend notwendiger neuer Ideen gebremst, die wichtig wären, um ganz praktisch für Abhilfe zu sorgen. Wie müsste er aussehen - ein umfassender Privathaushalts-und Menschenbetreuungsservice, der im Dienste des Lebens Dienstleistungen erbringt? Das wäre eine Frage, die ganze „Denkfabriken“ beschäftigen müsste. Freilich solche, in denen weitestgehend darauf verzichtet würde, die Dinge mit der Elle eines „Fachverstandes“ zu messen, der sich schmückt mit wer weiss was für wissenschaftlichen Expertisen.

Kapitel vier

Menschen in der Zeitfalle

Scheinbar leben wir in einem Zeitalter fortwährender Beschleunigung, die ermöglicht wird durch den Einsatz immer ausgefeilterer Technik. Die Rede ist von „rasch veraltendem Wissen“, das den Menschen zwinge, sich ständig auf neues dazukommendes einzustellen, lebenslang dazuzulernen. Dabei geht es gleichermassen um Inhalte und um die Form, in der das Wissen ausgeschüttet wird über seine „Verbraucher“ oder „User“ (Nutzer) wie es in der anglisierten Computersprache heisst. Eine sich ständig fortentwickelnde Kommunikationstechnologie öffnet -wie es aussieht - in wunderbarer Weise Türen zu Welten des Wissens, die immer weiter anwachsen. Der Eindruck mag entstehen, als würden in immer rascheren Abständen immer grössere Mengen an zuvor nicht Gewusstem oder ungenügend Gewusstem in den Besitz der Menschen gelangen.

Letztere wirken dadurch manchmal gleichsam wie in ein davon angetriebenes Laufrad eingezwängt. Immer mehr scheint erkennbar, immer mehr machbar, Schnelligkeit scheint das Gebot der Stunde. „3, 8 Billionen Rechenschritte in einer einzigen Sekunde“ - so lautete im Jahr 2001 die Überschrift einer Siegesmeldung über einen neuen „Supercomputer“ der Firma IBM. Auf Wahlplakaten einer Partei in einem deutschen Bundesland stand zu lesen, das Land brauche „Tempo“. Dazu passt im Stil, was ein früherer deutscher Bundespräsident als Parole ausgab: Deutschland müsse sich „einen Ruck“ geben.

Ist es das, was zukunftsfähig ist - ein Dasein im Sauseschritt, eine Hau Ruck-Gesellschaft mit allgemeiner Bereitschaft, quasi im Trainingsanzug zu warten auf die Laufkommandos aus Wissenschaft und Technik, also sich damit auch unterzuordnen unter das Prinzip der Beschleunigung wie sie „Kollege Computer“ vorgibt? Die Antwort lautet deutlich „ Nein. „ Ruck“-Parolen und „Tempo“-Devisen - beides hilft dieser Gesellschaft mit ihrem zerstörerischen Nachwuchsdefizit nicht im mindesten. Im Gegenteil: Die da so flott Gas geben wollen, sind kontraproduktiv. Damit diese Gesellschaft nämlich zu sich selbst kommen kann, bedarf sie -um im Bilde zu bleiben - fruchtbarer Ruhe, die ihren Blick nach innen lenkt, in Richtung Urgrund des Lebens, zu den Humanfundamenten. Diese Art gesellschaftlichen Schweinsgalopp, wie ihn männliche Führungsfiguren aus Politik, Wirtschaft, Wissenschaft und Technik dem Volk predigen, ist unvereinbar mit gedanklicher Einfühlung in den Urgrund, lässt ganz vergessen, dass privates Menschenleben mit der es tragenden Humanbeziehungspflege einen bestimmten Zeitrahmen nötig hat, in dem es sich seinem

Gedeihen förderlich und also auch geburtenfreundlich entfalten kann.

Wer Augen hat zu sehen, der kann im Alltag beobachten, um wie vieles zu eng dieser Rahmen gefasst ist. Die, die im Steuerhaus des sogenannten „Standort Deutschland" modernistisch zum Schnellauf antreiben, merken davon freilich nichts. Sie sind - oberflächlich denkend - viel zu sehr in Eile, als dass ihnen auffiele, woran es im Alltag mangelt. Das interessiert sie auch nicht weiter, zumal es sich dabei scheinbar um Nichtigkeiten handelt. Wenn sich an Samstagen auf Postämtern riesige Warteschlangen bilden, weil in der Woche untertags niemand zu Hause ist, der ein Paket in Empfang nehmen könnte, wenn Balkonkästen im Sommer nicht mehr bepflanzt sind, weil das in der betreffenden Wohnung lebende berufstätige junge Paar keine Musse dafür findet, wenn immer mehr ältere und alte Leute für den Fall ihres Ablebens eine sogenannte „anonyme Beerdigung" befürworten, da sie davon ausgehen, es finde ja sowieso niemand Zeit, sich um ihr Grab zu kümmern, so spricht das Bände.

Menschen brauchen ausreichend Freiraum für die mit Humankommunikation verbundenen alltäglichen Verrichtungen - jenseits der Erwerbsarbeitsstunden. Extensiver Handy-Gebrauch täuscht hinweg über das Versiegen von Quellen jener Kommunkation und ihrer Zeiterfordernisse. Einem Kind aus einem Märchenbuch vorlesen, eine alte

Mutter, die wacklig auf den Beinen ist, in ein Geschäft begleiten, wo sie etwas Neues zum Anziehen kaufen kann, einem Freund, der grippekrank im Bett liegt, die notwendige Medizin aus der Apotheke vorbeibringen, Herrn Schulze, dem geistig nicht mehr so ganz klaren Nachbarn, Hilfestellung leisten beim Briefwechsel mit Behörden - dies alles schlägt zu Buche im Zeitbudget. Jemand, der wegen Inanspruchgenommensein durch den Job Grosseinkauf und Hausputz und womöglich Besuch in einem Möbelhaus auf das Wochenende konzentrieren muss, der gerät ganz automatisch selbst in starke Zeitbedrängnis., sofern er an jenem Wochenende auch noch vorbeugend etwas für die eigene Gesundheit tun will wie vielleicht wandern, schwimmen, radfahren oder in die Sauna gehen.

Ins Bild der Zeitnot fügt sich natürlich ganz besonders die „Frau ohne Feierabend". Unvergesslich bleibt der Autorin hier die Redaktionssekretärin, die jedesmal , sobald ihr erstere nach getaner (Erwerbs-) Arbeit einen „schönen Feierabend" wünschte, leicht entrüstet, leicht ironisch erwiderte: „Wieso, jetzt fängt doch erst zu Hause die Arbeit richtig an!" Wobei sie unter anderem Wäsche waschen und Wäsche bügeln meinte oder zum Beispiel Verrichtung von Hausarbeit beim betagten Schwiegervater. Und eine andere nicht voll-, sondern teilzeitarbeitende Sekretärin hatte übrigens auch immer beim Verlassen des Büros den richtigen Spruch auf den Lippen, indem sie ausrief: „So, das war meine bezahlte Arbeit, jetzt beginnt die unbezahlte!"Womit sie unter anderem meinte: für die kleine Tochter kochen, sie in die Ballettstunde fahren und von dort abholen, einkaufen und den vom Beruf gestresst am Abend heimkehrenden Ehemann bedienen.

In den USA tauchten vor einiger Zeit Meldungen darüber auf, denenzufolge sich Firmenangehörige weigerten, dem Ruf ihres Unternehmens in eine von ihrem Wohnort weit entfernte Stadt zu folgen. Die Begründung lautete: Man wolle die alten Eltern am gemeinsamen Wohnort nicht im Stich lassen. Ob Zeit oder Ort: Das Menschenleben mit seinen Menschlichkeitsanforderungen braucht vielfältiges Engagement. Man kann - siehe den demographischen Trend - nicht ungestraft die existierende Erwerbsarbeitswelt in den Rang einer alles bestimmenden Diktatur erheben. Auf solche Weise wird das Risiko immer grösser, dass der alles fundierenden privaten Humanwelt die Kraft zum Durchatmen fehlt.

Daran denken die männlichen Tempomacher nicht, die - stets den Wirtschaftsstandort und die Arbeitsplätze und die Wettbewerbsfähigkeit im Blick - sozusagen mit dem Schnellzug durch die Weiten des Lebens rasen wollen. Dabei muss dieses Leben doch - um im Bilde zu bleiben - auch ein Bummelzug sein, der den darin Fahrenden Zeit einräumt und zwischendurch lange genug anhält an verschiedenen

Stationen wie etwa Familiengründung, Kindergebären, Kinderaufziehen, Füreinandereinstehen etwa im Fall von Not und Krankheit oder Beistanderwarten und Beistanderhalten im gebrechlichen Alter. Die Rastlosigkeit des männlichen Forscher-und Erfindergeistes, die Ruhelosigkeit, die die sogenannte Wissens-oder Informationsgesellschaft erfasst hat, liess gleichsam das Zeitgefühl schwinden für die Zeitbalance zwischen Berufswelt und familiär-privater Welt, für den Zeitaufwand der letzteren, so wie er einem lebenswerten Leben entspricht.

Einen anschaulichen Beweis lieferte hierfür in Deutschland der heftig ausgetragene - auf Dauer sicher noch nicht ausgestandene- Streit um Ladenöffnungszeiten. Wie in einem Glaubenskrieg verteidigten da traditionalistische Gewerkschafter zum Beispiel die 18. 3O- Uhr-Schliessungszeit. In den Hinterköpfen spukte da offenkundig das „Hausfrauenphantom“ herum. Sprich die Vorstellung, im privaten Heime tummelten sich irgendwelche Inhäusigen, die über ausreichende Zeitkonten verfügten, um für sich und die Aushäusigen zu sorgen. Auch der Aufschrei der Kirchen, der ertönte angesichts des da und dort zu registrierenden Bestrebens, Kaufhäuser an Sonntagen für Kunden zu öffnen, zeigt: Zeitrealitäten, wie sie die Mann und Frau einbeziehende Erwerbsarbeitswelt mit ihrer Dominanz geschaffen hat, werden völlig ungenügend zur Kenntnis genommen. Selbige sind eben so, dass - der dadurch nötigen Zeitflexibilität wegen - auch nicht mehr die althergebrachte „Sonntagsruhe“ Mass der Dinge sein kann.

Im Zug der Zeit, so wie ihn die aufs Tempo drückenden Fortschrittler zu steuern suchen, liegt unausgesprochen ein fataler Trend, so etwa nach dem Motto: „Jeder für sich, keiner für den anderen „ Zwar überschlagen sich besonders die „wertebewussten“ Fortschrittler durchaus in Lobreden auf die Familie. Und sie geisseln schädlichen Individualismus, auch mangelnde Zivilcourage, wie sie sich etwa darin äussere, dass von Rowdies auf der Strasse oder in der Strassenbahn Bedrängten zu wenig Solidarität anderer in der Nähe befindlicher Personen zuteil werde. All das geht aber am Kern der Misere vorbei. Die praktische Solidarität, von der das Leben lebt, schwindet eben angesichts des Einzelkämpfertums, das mit allseitiger Hingabe an den Job in der „Tempowelt“ verbunden scheint.

Dabei gilt auch: Zeitmangel erzeugt Zeitmangel - oder: wenn niemand für mich da ist, für mich keine Zeit hat, kann ich auch nicht für andere da sein, ihnen Zeit widmen. Beispiel: Frau Meier, eine ältere Dame, noch körperlich rüstig, besorgt noch recht gut ihren Haushalt. Um sich fit zu halten, geht sie wandern im Verein, häufig am Wochenende, aber auch Mitte der Woche. Frau Meier - kinderlos verwitwet - lebt allein, sie hat niemanden, der bereit stünde, ihr die Haushaltsbürde (samt Einkaufen) tragen zu helfen, wenn sie ihr mit zunehmendem Alter immer schwerer wird. Per regelmässigem Wandern in einer Gemeinschaft sammelt sie Kräfte, um sich so lange wie irgendmöglich „oben „ zu halten, nicht schwach und krank zu werden mit der für sie schlimmen Aussicht, im „Heim“ zu landen.

Frau Meier mangelt es unter diesen Umständen einfach an Zeit (und Energie), etwa am Sonntag eine alte Bekannte, die in einem solchen Heim lebt, regelmässig zu besuchen und sie aufzumuntern, wenn diese traurig ist ob ihres isolierten unerquicklichen Lebens unter diversen Depressiven oder Halbverwirrten. Frau Meier, bei der kein Sohn und keine Tochter anruft, um ab und an alltagspraktische Hilfestellung zu leisten, kann Zeit, die niemand für sie hat, sozusagen nicht als Zeit an andere weitereichen, die sie nötig hätten. Man könnte auch sagen: Der Verlust an Zeit - als Gabe von Menschen an Menschen- ist ein Hauptkennzeichen des Humannotstands wie er sich im demographischen Krisenszenarium spiegelt. Die Zahl allein lebender alter Menschen, um die sich privat kaum jemand kümmert, wird immer mehr anwachsen. Unabsehbar sind die sozialen Folgen. Eine Gesellschaft also, die am selbstproduzierten Zeitmangel zugrundezugehen droht? So könnte man es sehen. Keine Zeit für das Grossziehen von Kindern, keine Zeit für Alte, die des Beistands bedürfen, zuwenig Zeit von Menschen für Menschen - das jedenfalls bringt letztendlich das Leben in Lebensgefahr.

Theorieverliebte Verfasser wissenschaftlicher Studien männlichen Geschlechts zum Beispiel entwickeln für solche Lebenswahrheiten freilich wenig Sinn. Von ihnen hört man dagegen häufig oft Überflüssiges, gar Widersinniges, das Denkballast darstellt auf dem Weg zu dringlich nötiger gründlicher Analyse der Lebensabläufe . Hier ein nettes Beispiel: In der deutschen „Ärztezeitung“ wurde die Studie eines Sozialwissenschaftlers publiziert, der für ihn selbst offenbar Erstaunliches herausfand: Berufstätige Menschen könnten - so seine Entdeckung - die „Pflege“ von Angehörigen - weitaus schlechter bewältigen als solche, die nicht im Beruf stünden. Als wüsste nun nicht jedes Kind, dass einer, der fern seinem Zuhause vor dem PC im Büro sitzt, nicht per Fernbedienung die alte Tante Irmgard zur Toilette führen oder ihr einen wohltuenden Kräutertee servieren kann!

Kapitel fünf

Die wetterwendischen Werteapostel

In Staat und Gesellschaft tonangebende Männer - Theologen und Philosophen oder Sozialwissenschaftler zum Beispiel, aber auch Publizisten und Literaten und selbstverständlich Politiker, nicht zuletzt Führungsfiguren aus der Wirtschaft - mögen es, „Werte“ zu beschwören. In heutiger Zeit sind das angeblich „verlorengegangene“ Werte, deren Verlust lauthals beklagt wird. Auf der Hitliste ganz oben stehen dabei die „Werte der Familie“. Es redet sich so schön darüber und so leicht und so eindrucksvoll. Ein Superstar ist auf diesem Feld der Papst in Rom, der nicht müde wird, als „Hirte“ der Menschheit zusammen mit seinen Klerikerriegen Ehe und Familie als gottgefällige Bollwerke gegen gottungefällige Selbstsucht zu preisen.

Bei all dem wiederholt sich das beliebte Spiel der Männer, geschäftig zu wirken vom Thron der Theorie aus, von dem aus sich scheinbar alles so gut überblicken lässt. Man spart es sich dabei, hinabzusteigen in die Schluchten der Alltagspraxis. Jener Alltagspraxis, die ja den Ausgangspunkt bildet für die Art des Umgangs der Menschen miteinander, auch für die Formung dessen, was sie einander „wert“ sind. Im Alltag nun, da haben Männer die Umsetzung von

Werten in ihrer mutmasslich „niederen" Ausprägung, so wie sie sich in bereitwilligem haushaltlichen Menschenumsorgungsdienst äussert, über die Jahrhunderte den Frauen überlassen. Die weiblichen Dienenden - konzentriert auf Kinder und Mann, festgezurrt in den Wirkungsstätten des Heimischen, ohnmächtig im Blick auf Handlungsräume des ausserhäuslich Weltgestaltenden - sahen sich so verpflichtet, gleichsam die Werte an der Basis hochzuhalten, sie dortselbst treuhänderisch zu verwalten.

Dem Mann zu Diensten sein, der ja den „Seinen" das Auskommen sicherte, ihn „fit" zu machen (würde man heute sagen) für den Lebenskampf, den Kindern eine „gute Mutter" sein und am heimischen Herd möglichst tugendsam nicht nur für das leibliche Wohl, sondern auch für das seelische der um ihn sich Sammelnden zu sorgen - dies entsprach nach männlicher Vorstellung der weiblichen Bestimmung. Dabei -dies hier nur als Gedankenarabeske - war es denn etwa auch Bestandteil des Wertekanons, der für Frauen als verbindlich galt, sich tapfer gefasst zu zeigen, wenn sie die Nachricht erhielten, der Ehemann oder der Sohn oder der Bruder sei gefallen auf Schlachtfeldern im Kampf für „Volk und Vaterland". Dem Prinzip der Unterordnung des Weiblichen unter das Männliche entsprach die Objektrolle der Frau als eines „behandelten" Menschen, der die Folgen des Handelns des Dominanzgeschlechts, also des maskulinen, zu tragen hatte. Kriegerische

Gewaltanwendung von heute in diversen Weltgegenden bestätigt dieses Muster nach wie vor.

Es ist das demographische Drama in Deutschland und anderwo auf dem „Alten Kontinent", das allerdings nun einmal die Karten im Beziehungsgefüge der Geschlechter neu verteilt. Dadurch, dass Frauen Männer zu wenig -jedenfalls unzureichend - zu Vätern machen, kehren sich die Verhältnisse um. Aus den Objekten werden Subjekte, aus Behandelten Handelnde, aus Opfern sozusagen Täterinnen. Die angemessener Vaterschaft Beraubten lassen freilich weiter die „Werte" hochleben, ohne dass sie fähig wären, den Ursprung der entsprechenden zivilisatorischen Warnlichter zu orten. Sie philosophieren auf geistigen Nebenschauplätzen lieber über die sogenannte Reproduktionsmedizin, auf diese Weise über Einzelheiten das grosse Ganze des Lebens vergessend, das ja fusst auf ausreichender natürlicher Humanreproduktion mit den sich darum herumrankenden familialen Ressourcen.

Zwar gibt es jetzt sogar „Wissens-und Wertemanager" und desgleichen gar schon „Sinnmanager", aber deren Horizont der Betrachtung ist selbstredend so eng, dass er in keiner Weise die Weiten des wirklichen Lebens erfasst, weder unter dem Aspekt des Wissens noch dem der Werte oder der „Sinnhaftigkeit". Solche neumodischen Manager ahnen kaum etwas vom „Altmodischen", nichtsdestoweniger Existentiellen, das nicht in forscher Art managebar ist Das Kinderkriegen von Frauen fällt nicht in ihre Sparte. Sie, die modernen Manager tänzeln auf den Wellen der Oberfläche des ökonomistisch Strukturierten herum, sie haben sozusagen von Geschäfts wegen keinen Blick für das Untergründige der Natur, für die Verweigerung von Mutterschaft etwa, die alles aus dem Lot bringt. „McKinsey für Mütter" - das wäre freilich noch denkbar. Denkbar angesichts des Trends, allmählich alles Mögliche unternehmensberaterisch „aufzuarbeiten".

Lassen wir die Ironie beiseite: Lange, viel zu lange haben sich Werteprediger an die männliche Basta-Devise gehalten: „Die Frau gehört zu den Kindern!" (Womit ihre vornehmliche Anwesenheit im häuslichen Zuhause gemeint war.) Dazu passten solche die demographischen Fährnisse verharmlosenden Männer-Sprüche wie: „Mal kriegen eben die Frauen mehr, mal weniger Kinder. „ Ein bundesdeutscher Arbeits-und Sozialminister beschwor gar zeitweilig - zu einem Zeitpunkt, als das Dilemma von Frauen im Spagat zwischen Beruf und Familie bereits klar sichtbar wurde, als eine Kollission der beiden Lebenswelten des Innerhäuslichen und des Ausserhäuslichen sich bereits deutlich abzuzeichnen begann, ganz bieder die seiner Meinung nach heraufdämmernde „neue Mütterlichkeit" des weiblichen Geschlechts. So wurde sie verschleppt - die dringend notwendige Debatte über die Lebensgestaltung im Zusammenhang mit den Geschlechterrollen. Es war derselbe Minister übrigens, der immer stereotyp behauptete, die Renten seien „sicher", obwohl erkennbar war, dass der brüchig werdende sogenannte „Generationenvertrag" eben genau diese Sicherheit unterminieren würde.

Es ist schon interessant, sich zu erinnern: In den Jahren nach dem Zweiten Weltkrieg, als teilweise heftiger Streit über weibliche Emanzipation entbrannte, warf Männervolk, welches gern die geistigen Gewichte betreffs althergebrachter Familienwerte stemmte, Frauen noch einen Argumentationsbrocken hin, von dem es annahm, sie hätten daran wohl so viel zu kauen, dass sie den Mund halten müssten. Eine Frau - so eine maskuline Botschaft von damals - könne doch wählen zwischen dem, was ihr lieber sei: Entweder Ehe und Mutterschaft oder aber ein Leben, gewidmet der Berufsausübung (also ohne Ehe und Mutterschaft). Es dauerte ziemlich lange Zeit, bis nach und nach Männern die Einsicht dämmerte, dass ein lebenswertes erfülltes Leben für Frauen genau wie für sie - die Männer selbst - potentiell beides zu beinhalten hätte: Bezahlte Berufsausübung und Geborgenheit im Familiären. Dass der Prozess männlichen Begreifens in dieser Hinsicht sich im Zeitlupentempo abspielte und teilweise noch keineswegs an ein Ende gelangt ist, dieses ist wesentlich Ursache des Geburtenschwundes und seiner umstürzenden Folgen.

Die maskulinen Wertebeschwörer, die sich lange auch darin gefielen, weibliches Ausserhausstreben in

Berufswelten mit wertefeindlichem Selbstverwirklichungsdrang gleichzusetzen, trugen also bei zu einer Selbstblockierung der Gesellschaft. So wurde verhindert, beizeiten nach Strategien des Ausgleichs zwischen Erfordernissen des Erwerbslebens und des privaten Heimischen zu suchen. Gefangen in den Netzen des Nörglertums hinsichtlich „Werteverlust“, den sie auch registrieren im Verblassen des Bildes von der treusorgenden Haus-und Familienmutter, war es ihnen nicht möglich, den Glockenschlag einer neuen Zeit mit einem neuen Frauenbild zu vernehmen. Einem neuen Bild, das tiefgreifende Auswirkungen haben musste auf die Familienverfassung und menschliches Miteinander überhaupt.

Als besonders gehörlos erwies sich die Spezies der Kirchenherren, die eine Phalanx bilden gegen Einbruchsversuche des Weiblichen in Domänen gottverkündenden Wirkens, die sie Männern vorbehalten glauben. Die in der römisch-katholischen Amtskirche betriebene Niedrigstufung der Frauen als ungeeignet für den Zugang zu sogenannten Weiheämtern (Priester und Diakone) ist gleichbedeutend mit Humanwertverschleuderung grossen Stils. Durch Geschlechtsausgrenzung werden Wege des Lebens zugeschüttet, weibliche Stimmen erstickt, die gleichsam geschlechtskompetent reden könnten von den Entfaltungsbarrieren für Familie, Mutterschaft, Vaterschaft, für natürliches kräftespendendes, da menschendienliches Miteinander von Jung und Alt. Auf einen kurzen Nenner gebracht: Die Verbannung des Weiblichen aus Kirchenämtern um männlicher Privilegien willen bedingt einen unerträglich hohen Preis. Er drückt sich aus in Entmenschlichung, und zwar dadurch, dass Weibliches und damit also auch mutterbegabtes Menschliches unhörbar bleibt. Die Kirchenherren, die sich auf Kosten der Frauen vor Gott profilieren wollen, mögen noch so sehr auf der Klaviatur der sogenannten Familienwerte herumklimpern: Sie betreiben via Geschlechtsdiskriminierung den Abbau derselben.

Dies gilt ganz besonders in einer Periode des demographischen Niedergangs, in der dringend neu nachgedacht werden muss über die Stützelemente des Familiären, über die Humanheimat der Menschen, in der sie Kindern zum Leben verhelfen und dadurch selbst irdische Erfüllung finden. Dazu bedarf es der Wortführung der Mütter beziehungsweise potentieller Mütter, der weiblichen Praktiker des Lebens also. Es ist ja - dies nebenbei - auch so, dass das Geburtenminus, das den demographischen Niedergang kenzeichnet, langfristig nach und nach die Reihen des Kirchenvolks lichten wird, das ja sowieso schon vom Phänomen der Entchristlichung erfasst wurde. Römisches Papstgepränge lässt allzu rasch vergessen, dass Italien bekanntlich eine der niedrigsten Geburtenraten der Welt aufweist Die Herde der Hirten schmilzt also, was letztere freilich nicht dazu veranlasst, sich herauszubewegen aus den Schützengräben einer veralteten abstrusen frauenfeindlichen Kirchenrechtsdogmatik.

Bequem ist es stattdessen offenbar für sie unter dem Schutzmantel der „Jungfrau Maria", deren Anbetung nahtlos passt zur Sexualitätsfurcht der Kleriker. Das sich Verstecken unter jenem Schutzmantel erspart es ihnen, sich mit „normalen" Frauen aus Fleisch und Blut und so auch mit der eigenen Sexualität auseinanderzusetzen.

Alles in allem: Man kann die Wertigkeit von Werten, wie sie sich mit Familie und Familientugenden verknüpfen, heute eben nicht mehr messen in Masseinheiten der Unterordnung des Weiblichen unter das Männliche. In dieser Beziehung sind Männern im Laufe der Zeit einige Lichter aufgegangen, auch wenn besagte Kirchenherren gleichsam noch in Finsternis wandeln. Folge der Erhellung sind diverse Schwenks wie sie sich im Ruf nach Ganztagsschulen auch seitens derer ausdrücken, die sie einst -besonders auf „wertkonservativer" Seite- scharf ablehnten. Nun also soll, damit Mama sorglos berufstätig sein kann, der Nachwuchs auch auf breiter Front aushäusig betreut werden. Kein Mensch weiss zwar, woher in Zeiten knapper Kassen der gewaltige Geldstrom herkommt, der die angepeilten Betreuungslandschaften für Kinder zum Blühen bringt. Mindestens aber brach sich die Erkenntnis Bahn, dass die Erhöhung von Kindergeld oder allgemein die Erhöhung von „Leistungen für Familien" nicht ausreichen, um mehr Frauen Mutterschaft schmackhaft zu machen.

Der Chor der Klagen über die sogenannte „Familienarmut“ verdeckt ein Grundproblem: Je mehr Männer den Frauen die Chance einräumten oder einräumen mussten, erwerbstätig zu sein, je weniger können sie sich die für sie bequeme „Hausfrauenmutter“ leisten. Also jene, die um des Nachwuchses willen zuhause bleibt und damit gleichzeitig Dienstmagd für den dem Beruf nachgehenden Vater spielt. Wer finanziell ordentlich leben will, muss in immer verstärkterem Masse eine Paarpartnerschaft mit „Doppelverdiener“-Status ansteuern. Sonst droht häufig unzumutbarer Geldmangel. Als probates Mittel wird immer wieder offeriert, die Kinderlosen, also das „böse Volk“, das scheinbar selbstsüchtig sich der Reproduktion verweigert, finanziell mehr anzuzapfen, um im Wege der „Umverteilung“ Finanzbeträge locker zu machen für die „armen Familien“. Übersehen wird jedoch dabei dies: Herr Meier und Frau Schulze, das kinderlose Paar, kann nicht einfach wegen Kinderlosigkeit in Regress genommen werden. Es kann nicht zur Kasse gebeten werden, um so beispielsweise Herrn Schneider, der sich das schöne Familienleben mit drei Kindern und einer sorgenden Hausfrau leistet, monetär unter die Arme zu greifen.

Was im übrigen den grossflächigen Ausbau ausserhäuslicher Nachwuchsbetreuung anbetrifft, der jetzt da und dort als Ei des Kolumbus ausgegeben wird: Die gedankliche Fixierung darauf droht Frauen in neuartiger Weise zu Ausbeutungsobjekten zu machen. Und zwar gemäss der Devise etwa: Sohn oder Tochter befindet sich in der Ganztagsschule, Mutter kann sich also abstrampeln im Beruf - genau wie der Vater. Übersehen wird dabei die bleibende anstrengende Arbeit wie sie mit haushaltlichen Versorgungsaufgaben verbunden ist. Die darf Mama dann im unbezahlten Nebenjob erledigen - neben ihrem bezahlten Hauptjob. Zu Hause bleiben und hausfraulich wirken und also Menschen auf diese Weise dienstbar zu sein -aus, vorbei, geht nicht mehr! „Wir alle sind Männer, wir wussten es nur noch nicht !" So könnten es sich ja dann eigentlich die Frauen zurufen, die endlich die Stufen erklommen haben zu den oberen Etagen des Lebens, da, wo das berufliche Räderwerk sich dreht, das für alle und alles massgebend scheint.

Die Frage aber lautet: Was bleibt dann noch übrig von den Humanwerten wie sie sich im Familiengeflecht mit seinen Geborgenheitsräumen praktisch materialisieren? Der Grad der Vernachlässigung dieser Räume ist ablesbar an vielem: Am fehlenden Kindersegen genauso deutlich wie an der immer bedrohlicher sich gestaltenden Situation für hilfebedürftige Menschen im Alter, die sich dem Eiswind des Alleingelassenseins ausgesetzt sehen.

Werte sind nichts wert, wenn man sich nicht die Mühe macht, zu prüfen, wie das Umfeld aussieht, aus dem sie ihren Kraftzufluss beziehen. Eine Gesellschaft, die es nicht für werthält, diese Prüfung vorzunehmen, indem sie nur angestrengt auf Funktionsmechanismen der Erwerbsarbeitswelt starrt, braucht sich über eines nicht zu wundern: Über das Absinken ihres zivilisatorischen Kurswertes.

Kapitel sechs

Ökonomie ohne Nachwuchs

Scheinbar alles beherrscht die Ökonomie, von der die Arbeitsplätze abhängen und damit der sogenannte Wohlstand, den moderne technisch durchgestylte Gesellschaften offenbar gepachtet zu haben glauben. Fast unvorstellbar dünkt dabei noch, es könnte einmal in grösserem Umfang am passenden Humanpotential fehlen, um den Motor jener Ökonomie, die von ständiger technischer Neuerung lebt, am Laufen zu halten. Genau dies aber wird passieren, wenn das Damoklesschwert der demographischen Entwicklung, das über den Köpfen der Deutschen - und anderer Europäer - baumelt, sich auf sie allmählich heruntersenkt und seine Unheilswirkung entfaltet. Die wie in die Denkkäfige einer Kurzzeitsicht eingeschlossenen Politiker starren auf die dunklen Wolken des Übels der Arbeitslosigkeit. Sie suchen dem Volk einzutrichtern, selbige Wolken müssten erst einmal vom Firmament des sogenannten „Jobmarktes" hinweggefegt werden. Später dann - irgendwann vielleicht -wollen sie auf „Fachkräftemangel" infolge der demographischen Entwicklung reagieren und „qualifizierten" Zuwanderern von ausserhalb die Tore öffnen. Es sollen genau jene sein, die man benötigt, damit das Ökonomische weiter funktioniert und der Wohlstand also anhält. So einfach ist das bei den Politikern., jedenfalls offenkundig bei den meisten von ihnen.

Dies nennt man den Kopf in den Sand stecken und Gefahren der Zukunft verniedlichen. Das Problem ist eben: Demographie, also die Analyse von Entwicklungsttrends im Bevölkerungsaufbau, stützt sich auf Langzeitberechnungen. Sie entzieht sich dem Aktualitätsdruck, unter dem Politiker - agierend im Zeitraster von Legislaturperioden mit dem Blick auf den nächsten Wahltermin - stehen. Sagen wir es so: Wenn erst einmal die demographische Erosion sich voll auswirkt, sprich wenn „Überalterung“ der Gesellschaft die Fundamente sozialer Sicherungssysteme in grossem Ausmass bedroht, vor allem weil die Bevölkerungsschicht der Menschen im erwerbsfähigen Alter schmilzt - dann ist es zu spät. Dann kann man jene nicht mehr zur Verantwortung ziehen, die heute in der politischen Arena den Anschein zu erwecken suchen, eine grosse gesellschaftliche Krankheit lasse sich, wenn es an der Zeit sei, per flottem Machertum kurieren. Es ist schon erstaunlich, wie sich da Kleinkriege um Details einer Zuwanderungsgesetzgebung abspielen, so als ginge es um den üblichen tagesaktuellen Streit.

Dabei verstünde es sich ja doch wohl von selbst, dass eine Nation wie Deutschland, von der es in UNO- Prognosestudien heisst, sie müsse aus demographischen Gründen in der ersten Hälfte dieses Jahrhunderts Millionen von Zuwanderern eine

Heimstatt geben, beizeiten die politischen Uhren umstellen muss: Weg von Abschottung, hin zu Öffnung. Das aber wird verdrängt. Erst einmal - solches Prinzipielle vernachlässigend - verfängt man sich im geistigen Gestrüpp des Themas Arbeitslosigkeit. Die eigenen Staatsbürger sollen zuvörderst in Lohn und Brot gebracht werden. Und gleichzeitig spriessen Hoffnungen aus einer Mobilisierung auch der allerletzten Begabungsreserven. Mangels Masse werden dabei vermehrt auch die sogenannten „sozial Schwachen" angepeilt Unterschwellig schwingt da eine Trotzhaltung mit - nach dem Motto. „Wir werden schon weitgehend allein mit Nachwuchsproblemen für unsere Wirtschaft fertig werden. Wir müssen uns nur richtig anstrengen und jeder muss sein Bestes geben."

Bevölkerungswissenschaftler sind sich darin einig, dass zum Beispiel auch die Verkürzung von Schul- und Ausbildungszeiten ein allmählich sich gefährlich mehrendes Defizit in jenen Jugendjahrgängen keinesfalls ausgleichen kann, auf die eine „innovationsfreudige" Gesellschaft angewiesen ist. Wenn man den Begriff „Ökonomie" sprachursprünglich deutet, also nicht nur pauschal im Sinne von Wirtschaft und Wirtschaften, sondern im Sinne von gut, also sparsam, also den vorhandenen Ressourcen gemäss wirtschaftend, dann mag Kassandra grüssen lassen. Denn: Eine Wirtschaft -belastet mit dem Bleigewicht des Geburtenschwundes und dessen verheerenden Folgen - zieht sich selbst den Boden unter den Füssen weg. Den Wirtschaftslenkern selbst - fast ausschliesslich Männern - fällt freilich wenig ein, um Pflöcke umzustecken. Dass da einige wenige Unternehmen sich um sogenannte „familienfreundliche“ Arbeitszeiten bemühen, ändert nichts an ihrem allgemeinen Desinteresse bezüglich der schwer geschwächten Wirkkräfte des Familialen.

Die neunmalklugen Manndebattierer in diversen „Zukunftskommissionen“, die männlichen Reformbeschwörer in TV-Diskussionsrunden, die männlichen Gesellschaftsdeuter auf Universitätslehrstühlen, die männlichen Kommentatoren in führenden Gazetten - ihnen entgeht Existentielles: Das Volksvermögen, das Vermögen eines Volkes wird nur zu einem Teil in den offiziellen Statistiken über Ökonomisches berücksichtigt. Das andere Vermögen jenseits statistischer Erwähnung speist sich aus den Quellen der haussorgerischen Privatwelt. Dabei geht es auch in Form der Weitergabe des Lebens an künftige Genrationen etwa ganz direkt um Humanvermögen, personales Humanvermögen.

Aber diese privaten lebenstragenden Räume des Wirtschaftens sind nach offizieller ökonomiestatistischer Lesart als solche quasi gar nicht vorhanden beziehungsweise wären höchstens gemäss solcher Lesart der vielberedeten „Schattenwirtschaft“ zuzuordnen. Demgemäss wären denn auch Hausfrauen zum Beispiel so etwas wie „Schwarzarbeiterinnen“. Um das Absurde auf die Spitze zu treiben: Sie vernichten eigentlich somit wiederum Arbeitsplätze und sie betreiben gar indirekt Steuerhinterziehung, da ihr Job im Hause ja nicht bei den Finanzämtern registriert ist. „Ach so, der Job wird ja nicht entlohnt und ein nicht entlohnter Job ist ja gar kein Job, kann gar keiner sein!" So muss ökonomiefolgerichtig eingewandt werden. Haben wir es hier - bei solch Sarkastischem - vielleicht mit Spitzfindigkeiten einer „feministischen" Autorin zu tun, die die Fahne der Frauen hochhält? Beileibe nicht. An vorgenanntem Widersinn bezüglich ökonomischer Gültigkeitskriterien geht nämlich die Gesellschaft zugrunde - siehe Verkümmerung des Familialen durch Nichtwürdigung seiner spezifischen hochbedeutsamen Wirtschaftsfunktion.

Es ist eben so: Die Erwerbsarbeitswelt verfügt über das Monopol der Definition dessen, was Arbeit ist, „echte" Arbeit, versteht sich. „Ja, jetzt wird wieder in die Hände gespuckt, wir steigern das Bruttosozialprodukt" - so lautete der Text eines hübschen Songs früherer Jahre. In die Hände spucken in diesem Fall natürlich nur die Echtarbeiter und Echtarbeiterinnen, dagegen nicht die Pseudoarbeitenden, die daheim Fenster putzen oder den Teppich reinigen oder Wäsche bügeln oder Essen kochen. Die Messbehälter des sogenannten Bruttosozialprodukts mit ihrem „Arbeitsvolumen", mit ihren Unterscheidungsfiltern zwischen In-Arbeit-Stehenden und Nicht-in -Arbeitstehenden (Arbeitslosen) haben Fatales an sich. Dies, weil sie nur menschliche Tätigkeitsräume erfassen, in denen Leistung per Entlohnung erbracht wird. Das aber führt zu Zerrspiegeln der Lebenwirklichkeit.

Tauchen wir ein in die Praxis des Alltags: Da spazieren beispielsweise Herr Maier und Herr Müller durch die Gegend und beziehen als Menschen „ohne Arbeit“ Geld fürs Nichtstun. Das heisst: Vielleicht packen sie daheim im Haushalt ein wenig mit an, um jeweils ihre Frauen zu entlasten. Herr Maier kocht schon mal und Herr Müller rafft sich dazu auf, die Wohnung neu zu tapezieren. (Wobei er ja damit - ökonomisch-dogmatisch gedacht - einem Maler Arbeit wegnimmt) Oder alles ist nur Freizeitarbeitsspass? Lassen wir das Herumirren in den Grauzonen des Begrifflichen. Weiter mit der Praxis: In derselben Kleinstadt, in der die beiden Herren Arbeitslosen leben, wohnt die Sekretärin, Frau Fischer. Sie hetzt von anstrengender Arbeit im Büro nach Hause, um dort für ihre „Lieben“ - für Mann und Kind - im heimischen Hafen alles schön parat zu machen. Obwohl sie müde von „offizieller“ Arbeit ist, bleibt ihr nichts anderes übrig, als sich in die „inoffizielle“ zu stürzen. Dabei hat sie im Kopf, dass ihre alte Mutter ein paar Strassenzüge weiter dringend ihrer Hilfestellung bedarf, weil sie fast nicht mehr allein den Haushalt führen kann. Und ihr fällt auch noch ein, dass der verwitwete Onkel, der in einer Ortschaft in der Nähe lebt, sie neulich am Telefon um baldigen Besuch gebeten hat. Er wünscht sich ihre

Hilfe bei notwendiger Korrespondenz mit Behörden.

Oder nehmen wir den Fall von Frau Mohn, der Journalistin, als Beispiel. Sie ist, sagen wir, eine Frau um die vierzig, die hart zu kämpfen hat im Beruf - weil sie gut ist darin und ihre männlichen Kollegen daher eifersüchtig auf sie sind und danach streben, ihr Teile ihres Arbeitsbereiches zu entreissen. Frau Mohn hat eine kleine Tochter, die sie allein erzieht. Vor kurzem hat der Vater von Frau Mohn, dem die Ehefrau vor einiger Zeit wegstarb, vorsichtig angefragt, ob er nicht vielleicht aus einer weit entfernten Stadt zumindest in die räumliche Nachbarschaft zur Tochter ziehen sollte, damit jemand für ihn da sei, wenn er Hilfe nötig habe. Frau Mohn zeigt sich gegenüber dem Vater zurückhaltend, fürchtet, dass ihr die Dinge über den Kopf wachsen könnten, wo sie doch jetzt schon in Arbeit, sprich Berufsarbeit und der privaten Umsorgungstätigkeit für ihre „Einelternfamilie" ertrinkt.

Und schliesslich stellen wir uns - um noch einmal zu surfen in der buntfarbigen Welt des menschlichen Beziehungsgefüges -die alleinstehende Frau Sander vor, Ende siebzig. Sie geht am Stock und wendet grosse Energie auf, um im Supermarkt einzukaufen und die Einkaufstüten in ihre Wohnung in einem oberen Stockwerk zu schleppen. Wahrhaft im Schweiss ihres Angesichts müht sie sich, ihre Wohnung sauberzuhalten. Sie wäre selig, hätte sie etwas

Hilfe bei der Hausversorgungstätigkeit und - da sie einsam ist - wäre sie froh, sie könnte sich auch ein wenig unterhalten mit einer Person, die ihr beisteht. Aber da ist niemand. Vielleicht wird Frau Sander bald krank, so krank, dass sie schnellstmöglich ins Krankenhaus muss. Vielleicht gibt es da für sie noch Hausnachbarn, die auf ihren Zustand aufmerksam werden und einen Arzt alarmieren. Und danach? Falls sie denn - körperlich „kaputt“ genug - von der sogenannten Pflegeversicherung ein Einstufungsetikett erhielte, ermöglichen ihr die paar zugebilligten Pflegeminuten natürlich nicht die Rückkehr in ihr immer noch geliebtes Zuhause. Also: Ab ins Heim mit Frau Sander, hinein in die Tristesse der Abgeschobenen, der an dieser unwirtlichen Endstation des Daseins auf den Tod Harrenden.

Frau Fischer, Frau Mohn, Frau Sander - drei Beispiele für Arbeit im Übermass, für Berge von Arbeit, die nicht abgetragen werden , für Arbeitsfelder im Schatten, um die sich niemand kümmert, weil nur der Arbeit unter der Sonne des beruflichen Erwerbstätigseins Bedeutung zugemessen wird. Man stelle sich vor: Jemand fragt Herrn Braun, desssen Frau fünf Kinder hat und die sich verzehrt von früh bis nacht in Arbeit daheim: „Arbeitet Ihre Frau?“ Die Antwort von Herrn Braun muss - offizieller Sprachregelung gemäss - lauten: „Nein, meine Frau arbeitet nicht.“ Da zeigt sich überdeutlich ein schwerer Konstruktionsfehler im Gesellschaftsgehäuse. Dessen Ausmerzung wäre überfällig, zumal er in direktem

Zusammenhang mit der Krankheit des Geburtenschwunds und Humanzerstörungsprozessen steht.

Und um die arbeitslosen Herren Maier und Müller noch einmal zu apostrophieren, also die mit dem Geld fürs Nichtstun, fürs Nichttätigsein in dem Job, für den sie ausgebildet wurden, die erzwungenermassen Spazierengehenden:Sie und die anderen Arbeitslosen spazieren sozusagen vorbei an den Privatarbeitsgefilden, die so unter Auszehrung leiden, dass langsam alles zu Bruch geht - wofür der Geburtenmangel das augenfälligste Symptom ist.

Wer sich so die Galerie mit den Bildern der Wirtschaftslenkenden und derer aus den damit verwobenen Expertenkartellen betrachtet, der sieht Männerköpfe über Männerköpfe, sieht gar meist dabei die 100- Prozent- Maskulin -Quote vorherrschen Wo soll da der notwendige „synergetische" Mann-Fraugeschlechtskooperative Effekt herkommen, der geeignet wäre, dem geltenden Denksystem betreffs des Ökonomischen eine andere Richtung zu geben? Man hat - überspitzt formuliert - den Eindruck: Eher geht ein Kamel durchs Nadelöhr als dass es möglich wäre, dieses System in Frage zu stellen. Und zwar durch Hinterfragung seiner Grundannahmen hinsichtlich dessen, was ökonomisch Soll und Haben der Gesellschaft ausmacht.

Kapitel sieben

Mit Zuwanderern Luftschlösser bauen

Die Arroganz, mit der politisch Führende in Deutschland vom hohen Ross aus das Fernglas richten auf Hilfstruppen aus dem Ausland, die dann, wenn es denn doch nottäte, hereinströmen sollen, um den kinderknappen Deutschen aus der demographischen Krise zu helfen, ist ganz erstaunlich. Die da auf dem hohen Ross sitzen, grübeln ein wenig und fragen sich: Ab wann brauchen wir solche Hilfstruppen, wieviele sollten es sein und welche Fähigkeien sollten sie mitbringen, um uns personell auf dem Marsch in die Zukunft zu stärken.? Das Wahnwitzige derer, die da grübeln, besteht in Folgendem: Sie rechnen damit, dass Ausländer exakt nach Bedarf kommen, vielleicht gar auch wieder gehen, ganz wie es eben Deutschland in den Kram passt. Man glaubt offenbar, dass die geeigneten Ausländer nur darauf warten, gerufen zu werden. Deutschland erscheint in dieser Sichtweise gewissermassen als das „gelobte Land“, in das aufzubrechen die schönste Sache der Welt ist.

Der Trugschluss könnte grösser nicht sein. Er besteht wohl auch darin, dass - auf einen kurzen Nenner gebracht - die Vergangenheit mit der Zukunft verwechselt wird. Da mag die Erinnerung an Zeiten mitschwingen, als die sogenannten „Gastarbeiter“ unter anderem aus südeuropäischen Ländern gern nach Deutschland kamen, weil sie hier ein gutes Auskommen zu finden hofften, was ihnen die Heimat nicht bot. Und da mag vor allem der Gedanke an spätere Ströme von Asylbewerbern eine Rolle spielen, die danach trachteten, im Wohlfahrtsstaat Deutschland Unterschlupf zu finden. All dies begünstigt sicher die Fehlmeinung, Ausländer seien so etwas wie eine Verfügungsmasse, auf die man jederzeit zurückgreifen könne - haarscharf entsprechend den nationalen Bedürfnissen. Das vielzitierte Vorhaben, Zuwanderung zu „steuern“, wie das heisst, sie in die rechte Form zu bringen für das Ausfüllen diverser Lücken auf dem heimischen Arbeitsmarkt, ist noch mit einer spezifischen Täuschung verquickt. Sie nährt sich unter anderem aus Nichtkenntnis der demographischen Zukunft des europäischen Kontinents in seiner Gesamtheit.

Generell werden in Europa nicht mehr so viele Kinder geboren wie sie zur Erhaltung des Bevölkerungsbestandes nötig wären. Die Geburtenraten sind zu niedrig, der Trend geht hin zu sinkenden Bewohnerzahlen - all dies begleitet vom Phänomen der „alternden“ Gesellschaft. Insbesondere mit den „Menschenvorräten“ in Osteuropa -um einmal diesen Ausdruck zu benutzen - sieht es wenig verheissungsvoll aus. Dortselbst wird sich infolge zu geringer Geburtenraten auf längere Zeiträume hin gesehen Nachwuchsmangel einstellen. Nebenbei: Es wäre ja auch der blanke Nonsens, wenn die Europäische Union Geldmittel in diese Staaten hineinpumpte, um sie „fit“ zu machen für die Mitgliedschaft in ihrem Club und dann andererseits selbigen die „Köpfe“, ob nun die „besten“, von denen Politik, Wirtschaft und Wissenschaft schwärmen oder aber die guten oder vielleicht auch die weniger guten abspenstig zu machen.

Das ist überhaupt das Unglaublichste an denen, die - je nach Bedarf - auf „Qualifizierte“ aus dem Ausland setzen: dass sie null Gedanken daran verschwenden, die anzuwerbenden Ausländer könnten in den Herkunftsländern fehlen. Nehmen wir hier die südlichen Mittelmeeranrainerstaaten in den Blick. Dort zum Beispiel ist bekanntlich - im Gegensatz zu den europäischen Ländern und ihrem Schrumpfungstrend - mit beachtlichen Bevölkerungswachstumsraten zu rechnen. Starke Jugendjahrgänge werden das Bild in nordafrikanischen Ländern prägen. Brennende soziale Probleme stehen zu befürchten, weil -so lauten Prognosen- das Übel der Arbeitslosigkeit sich verschärft. Unter solchem Aspekt lässt sich vorstellen, dass Menschen von dort zunehmend nach Europa drängen, jenem „alternden“ Europa, das „Humanfrischezufuhr“ von ausserhalb braucht. Das schon, aber ein unkontrollierter Zustrom soll ja nach den Bekundungen deutscher und europäischer Politiker absolut vermieden werden. Der begehrliche Blick richtet sich - momentan zumindest - auf die ökonomisch „richtigen“ Ausländer. Das aber könnten nun ausgerechnet jene sein, die in ihrer Heimat selbst dringend benötigt werden, um dort zur Linderung von wirtschaftlichen Nöten beizutragen.

Ist es nicht das erklärte Ziel dessen, was man in Deutschland Entwicklungspolitik nennt, vor Ort in Ländern, die sie ins Visier nimmt, die wirtschaftliche und soziale Lage zu bessern, gerade auch dadurch, dass gut Ausgebildete- also „Qualifizierte" - der Ökonomie den nötigen Schwung geben? Wollen also die Deutschen im Ausland Humanraubbau betreiben, ausgerechnet dort, wo sie Humanboden - auf dem Wege der Förderung von Bildungs-und Ausbildungsressourcen der einheimischen Bevölkerung - fruchtbar zu gestalten trachten?

Abgesehen davon begehen jene, die da glauben, Deutschland brauche nur zu rufen und dann würden die „passenden" Ausländer Einlass begehren, noch einen verheerenden Denkfehler. In einer Art Rausch von Selbstüberhebung - anders kann man es kaum nennen - sehen sie diese Nation mit ihrer alternden Gesellschaft, mit ihrem Phänomen austrocknender Quellen bei der Weitergabe des menschlichen Lebens und dem dies begleitenden Niedergang des Familiären gar in einer Verwandtschaftsreihe mit den USA,. Kanada, Australien zu Blütezeiten von deren Einwanderung. Es beschäftigt sie offenbar gar nicht, dass sie auf einem demographischen Pulverfass sitzen - einem Pulverfass mit Langzeitzündeffekten, die gesellschaftsumstürzende Folgen haben. Irgendwie wollen sie wohl gar nicht recht etwas davon wissen - nach jener berühmten Paradox-Logik, dass nicht sein kann, was nicht sein darf. Solcherlei Pulverfässer jedenfalls lagerten natürlich nicht in Einwanderungsländern der klassischen Art, wie sie historisch Bedeutung erlangten. Selbige präsentierten sich dereinst bekanntlich als bevölkerungsmässig „junge Länder" in Aufbruchstimmung.

Es ist im übrigen wahrhaft naiv, anzunehmen, der Aussenwelt blieben in Zukunft die Krisenzeichen verborgen, die mit den demographischen Problemen Deutschlands (und Europas) einhergehen. Eine Gesellschaft, deren wirtschaftlicher Wohlstand und deren soziale Stabilität durch Geburtenschwund und unzuträgliche Dominanz von Älteren und Alten zulasten Jüngerer und Junger stark gefährdet sind, ist ja nun wirklich nicht attraktiv für die vielzitierten „gut ausgebildeten Einwanderer", von denen Politiker und Wirtschaftsführer träumen. Derzeit sind die Schlaglöcher auf den Zukunftsstrassen des Lebens, die durch jenen Humanverfall entstehen, nur erst zum Teil sichtbar Das Bild wird sich mit der Zeit ändern, man wird nach und nach die Schlaglöcher voll bemerken und erkennen, dass der gewohnte Lebensstandard samt des weichen Polsters in Form von beruhigenden sozialen Sicherungssystemen nicht aufrechtzuerhalten ist. Wenn dann so richtig offenkundig wird, dass das einstige soziale Schlaraffenland mausetot ist - wer aus dem Ausland lässt sich, zumal ausgestattet mit einem „guten Kopf", noch allzu gern hier nieder?.

Die Frage lautet: Wie kann ein Deutschland, in dem die Sonne des Wohlstands von den Wolken wirtschaftlicher und sozialer Eintrübung mutmasslich mehr und mehr verdeckt wird, ein Mekka sein für „Qualifizierte" von aussen, die den ja nun nicht leichten Entschluss fassen, der Heimat den Rücken zu kehren? Im übrigen bleiben wie gesagt die EU-Partnerstaaten von der demographischen Malaise nicht verschont. Auch sie werden auf Zuwanderer angewiesen sein, auf „Humankaptial" von ausserhalb, wenn sie ihre ökonomischen Strukturen erhalten oder in die oder jene Richtung weiterentwickeln wollen. Das heisst: Unter den Unionsstaaten wird in diesem Punkt ein Wettstreit einsetzen. Aber solches beschäftigt heutige Kurzzeitdenker kaum und wenn überhaupt, dann mag da die Erinnerung an das einstige „Wirtschaftswunderland" Deutschland dazu verleiten, anzunehmen, die Deutschen würden in dem Wettstreit Gewinner sein. Schliesslich -so hört man es ja immer wieder - komme es nur darauf an, beherzt im Lande selbst „Reformstaus" zu beseitigen.

Das Hausieren mit dem schwammigen Begriff „Reform", der anscheinend Machbarkeit denen verheisst, die zu „machen" entschlossen sind, verdeckt im übrigen sich dem flotten Machertum weitgehend entziehende Grundprobleme der Zukunft. Zuwanderer, die nach Deutschland kommen, haben naturgemäss mit Sprachschwierigkeiten zu kämpfen. Sie brauchen, vor allem wenn sie aus fremden Kulturkreisen kommen, Zeit, um sich zurechtzufinden im neuen Lebensbereich. Die Tendenz ist da, sich in Schutzräume zurückzuziehen, wie sie die eigenen Volksgruppenbereiche bilden. All das ist bekannt, muss jedoch der modernen Gilde der „Macher“ vor Augen gestellt werrden, die da so eifrig ins Horn tutet bezüglich besserer Bildung und Ausbildung. In Vergessenheit gerät dabei, dass die unvermeidliche Zuwanderung den Bemühungen diverse Grenzen setzt. Ausländische Kinder und Jugendliche haben es naturgemäss viel schwerer als die einheimischen, einen guten Bildungs-und Ausbildungsstand zu erreichen. Dies durchaus mit der Folge geminderter Startchancen für das Berufsleben.

Auch der feste Blick auf die Zielmarke „Integration“ ändert nichts an der simplen Tatsache, dass Zuwanderer -einmal ganz generell gesprochen - nicht in derselben Weise wie Angestammte auf den Zug des Lebens aufspringen können. Bei wachsenden Ausländeranteilen jedenfalls wird die ökonomische „Fitness“ per besserer Bildung, die das tatkräftige Männervolk aus Politik und Wirtschaft predigt, eher schwer zu erreichen sein.

Das ist ein wesentlicher Aspekt. Und um noch von einem ganz anderen Blickwinkel aus die Zukunftsszenerie im Zeichen von Zuwanderung zu betrachten: Die demographischen Trends in Deutschland bergen ja unter anderem eine tiefreichende Gefahr für gewachsenes Miteinander und Nebeneinander von Städten und Gemeinden, das lebensfreundliche Lebensräume bietet - trotz aller regionalen und kommunalen Unterschiede. Das Phänomen der „leeren Räume" bildet sich heraus. Es kommt dabei teilweise - speziell in den neuen Bundesländern - zu einem unheilvollem Ineinander von demographischer Fehlentwicklung und Abwanderungsbewegungen. Ein eigenes Buch liesse sich schreiben über diese sich formierende „Revolution von unten", gespeist aus regionaler Krisensymptomatik.

Jedenfalls: Mangel an Bewohnern - zumal an jüngeren - droht den nötigen Geldfluss in Gemeindesteuerkassen versanden zu lassen, sodass kommunale Einrichtungen unbezahlbar werden, beispielsweise Kindergärten Schulen, Schwimmbäder, nicht zuletzt Teile die Verkehrsinfrastruktur e. t. c. Alles Mögliche kann in Mitleidenschaft gezogen werden - angefangen von Institutionen des Kulturbetriebs bis hin zu Projekten der Jugendarbeit oder der Seniorenbetreuung beispielsweise. Zuwanderer von ausserhalb werden - das lässt sich voraussehen - eher städtische Ballungsräume oder regionale Gebiete ansteuern, wo „das Leben spielt", wo nicht nur ein Auskommen gesichert scheint, sondern auch Annehmlichkeiten des Lebensalltags vorzufinden sind. Insofern können sich die Probleme entstehender Regionalgefälle verschärfen. Dazu kommt dann andererseits eine nicht zu unterschätzende Gefahr sozialer Spannungen, die von wachsenden Ausländeranteilen vor allem in deutschen Grosstädten ausgeht - eine Gefahr, die auch durch noch so viele Integrationsmühen nicht einfach gebannt werden kann. Im übrigen ist letzteres Mühen ja mit dem Einsatz finanzieller Mittel verbunden Und eben da wirkt sich die Ebbe in den öffentlichen Kassen wiederum negativ aus.

Politisch Führende und ihr mediales Begleitvolk, das die Echo-Kulisse für deren aktuelles Debattieren und Entscheiden abgibt, erwecken allerdings noch den Anschein, als habe man quasi alles im Griff, als sei alles eine Frage von zielgerichtetem Handeln - gerade auch, was Zuwanderung angeht. Die Zukunft mag dies schon bald zur eitlen Illusion werden lassen. Eher ist zu vermuten Eine Gesellschaft, die im Lichte des Fortschritts zu wandeln wähnt, während sie- siehe Demographie - dem Dunkel des Rückschritts ausgesetzt ist, dürfte jedenfalls nicht ohne weiteres in der Lage sein, aus einer Position der Überlegenheit heraus zu steuern, was ihre Politiker als steuerbar ausgeben: eben den Prozess des Zuzugs von Menschen aus dem Ausland.

Die Strömungslinien dessen, was für Kultur und Zivilisation auf dem „Alten Kontinent“ bestimmend ist, werden sich allmählich ändern - orientiert an den Zeittakten, in denen Menschen aus anderen Weltgegenden hier - gerufen oder nicht - eine Heimat, vielleicht auch nur eine vorübergehende Heimat suchen. Das damit einhergehende Neue wird eine Dynamik entfalten, die wohlfeile Konzepte, wonach man auszuwählen habe zwischen den fürs Ökonomische nützlichen und anderen gewissermassen „unnützen" Ausländern in den Papierkorb des Geplanten, aber nicht zu Verwirklichenden befördert. Diese Dynamik wird sich umso stärker auswirken, als ja in der Zukunft mit einer Gesellschaft verlorengegangener Wohlstandsgewissheit zu rechnen ist. Diese Gesellschaft muss dann sicher aufgrund sie bedrückender sozialer Probleme unkonventionelle Wege beschreiten. Wege, die geistig wahrscheinlich ganz weit entfernt sind von Gefilden eines trügerischen Optimismus, den beispielsweise eine rationalistisch ausgerichtete Wissenschaft und deren Mitstreiter auf Kapitalgeberseite verströmen.

Um ein Exempel aus dem Problembündel zu benennen: Die Enthumanisierung, wie sie sich drastisch etwa im normierungssüchtigen Bürokratismus bezüglich „Pflege" zeigt mit dem Rückgriff auf Regelungsstarre und eiskalter Formalisierung von Altersgebrechen wird sich verschärfen. Und zwar in dem Masse, in dem - rein zahlenmässig - die sogenannte „Alterslast" (ein hässliches Wort) an Schwere zunimmt. Geld und Personal werden fehlen, um nach dem sowieso schon humanunzuträglichen Muster von etwas fachaufgablich zu Erledigenden mit der Problematik betreuungsbedürftigen Alters fertig zu werden Die Deutschen können auf Dauer in diesem Punkt eigentlich nur auf Menschen-und Menschlichkeitshilfe von aussen setzen, insonderheit wohl auf weibliche Helfende, gerade solche, die nach offizieller Sprachversion „gering Qualifizierte" oder gar „Nichtqualifizierte" sind Derlei Wahrheiten - Lebenswahrheiten - haben in den Köpfen der Herren, die Lockangebote an „kluge Köpfe" aus dem Ausland beabsichtigen, natürlich keinen Raum. Bis dahin, wo es ganz lebenspraktisch um Menschenwürde geht, reicht er nicht, der Horizont ihres ökonomiesachlichen Denkens.

Zur Abwechslung ein kleines Beispiel aus dem menschlichen Alltag: Einer schwachen alten Person ihre Lieblingssuppe kochen, sie - da sie Gleichgewichtsstörungen hat - am Arm nehmen und behutsam zum Stuhl auf dem Balkon führen, damit sie dort Sonnenstrahlen geniessen kann, zwischendurch in der Küche Ordnung schaffen, das Bad putzen, später einkaufen für sie und ihre kaputte Lesebrille zum Optiker bringen - ist solches aus dem Kaleidoskop des privaten Seins willkürlich Herausgegriffene tätigkeitsmässig so klitzekleiner Kleckerkram, dass es sich nicht lohnt, überhaupt nur davon zu sprechen? Ganz im Gegenteil: Es geht hier nicht um nichts, nur weil solcherlei praktischer Beistand von Menschen für Menschen nicht unbedingt an den Besitz eines „klugen Kopfes" oder an geprüfte „Qualilfizierung" seitens der Beistandleistenden geknüpft ist. Man könnte auch überspitzt sagen: Eine Gesellschaft, in der scheinbar die Hirne die

Herzen verschlingen, zerstört ihre Humangrundlagen, beraubt sich auf diese Weise letztlich des Anspruches auf Verwirklichung von Menschenrechten, die ja in Menschlichkeit wurzeln.

Die Tatsache, dass in Deutschland offiziell bereits Arbeitserlaubnisse für sogenannte Haushaltshilfen aus Osteuropa erteilt werden, die häuslich „Pflegende"- wie das heisst - entlasten sollen, zeigt, woher der Wind weht. Die sich ausweitenden Nöte an der Lebensbasis dieser „Fortschrittsgesellschaft" mit ihren darüber thronenden Machbarkeitspionieren und ihren akademisch geschulten Zukunftsdebattierern der Spezies Mann werden bald nach einer Reaktion verlangen. Zuwanderung bietet sicher die Chance oder ist vielleicht gar die einzige Chance, die grösser werdenden Menschlichkeitslücken durch menschenfreundliches Wirken von Menschen zu füllen, der Enthumanisierung also Barrieren entgegenzusetzen.

Kapitel acht

Die Medienbühne und das immerwährende Herrenballett

Welches Geschlecht führt Regie, bestimmt die Dramaturgie auf dem medialen Marktplatz der Meinungen mit seinem ununterbrochen gluckerndemn Informationsbrunnen, aus dem das Volk ständig mit den Wassern des aktuell Neuen getränkt wird? Einfache Antwort: Das männliche Geschlecht. Da mögen vielleicht ein paar Einwände kommen: Im Fernsehen träten doch immer mehr Nachrichtenmoderatorinnen auf den Plan, es gebe bereits Scharen von Reporterinnen, die Zahl der „polittalkenden“ Journalistinnen wachse. Mag sein, mag sich als Trend fortsetzen - und sagt doch wenig aus, lenkt ab von Männerherrschaft in den Medien, von manngeprägter medialer Meinungsführerschaft. Denn erstens: Auf den wichtigen Regiestühlen, auf die es ankommt im Medienbetrieb, sitzen Herren, selbstredend aus der Herrendominanzperspektive die medialen Aktzente setzend für das Medienkonsumentenvolk.

Und zweitens - und selbiges hängt wiederum mit dem ersten zusammen: die Frauen, die da nach und nach vorstossen in medial-journalistische Gefilde, die dereinst fast gänzlich manndurchwirkt waren, müssen auf prinzipiell manngestalteten Pfaden von Informationsfindung, Informationssverbreitung- und vermittlung wandeln. Was berichtens - und beredens-, befragens-und kommentierenswert erscheint, entstammt der Struktur und den Inhalten nach wesentlich männlicher Weltsicht, wie sie sich widerspiegelt in Grundelementen des Weltgestalteten und Weltgestaltenden nach dem männlichen Design von Denken und Handeln. Wenn man freilich dieses Design sozusagen als das objektiv richtige und normale, sozusagen als das selbstverständlich Gültige wertet, in das die weibliche „Handschrift" - die Schriftzüge der männlichen nachahmend - einbringbar ist, dann ist Erkenntnis des Folgenden wiederum kaum möglich: Die „Humanbasis" des Menschlichen - da, wo noch immer spezifisch weibliches menschenumsorgerisches, menschenfürsorgliches Wirken, sprich auch weibliche Lebenspraxis und weibliche Erfahrungshorizonte eine entscheidende Rolle spielen- hat keine öffentliche Stimme.

Welt und Leben und männliche Leistungen in Welt und Leben werden zwar wesentlich getragen von dieser Humanbasis mit ihrer sogenannten „Familienarbeit", zu der das Aufziehen eines Kindes genauso gehört wie das Reinigen gebrauchter Kochtöpfe oder das Bettenüberziehen oder häusliche Bewirtung von Verwandten. Aber die Basisarbeiterinnen bleiben stumm, müssen stumm bleiben. Es gibt kein öffentliches medienzentriertes Forum, auf dem sie reden könnten von den Nöten des Menschenalltags, von der existentiellen Frage also auch, warum - siehe Demographie - das Leben sich dem Leben verweigert, warum es - salopp ausgedrückt - also bachabgeht mit dieser ganzen abendländischen Gesellschaft. Der wahre „Stand der Dinge“- beliebte Floskel von TV-Leuten, wenn sie zusammenfassend von der Nachrichtensituation sprechen - bleibt auf diese Weise unerkannt.

Dabei würde das sogenannte Alltägliche, das unerheblich scheint, es beileibe aber nicht ist, News über den Zustand der Gesellschaft liefern. News, die sich freilich den Aktualitätsfangnetzen eines auf Redeflüsse und Bilderfluten gestützten Journalismus entziehen, der die Welt unter anderem nach dem immer gleichen Schema der Darstellung politischer Ringkämpfe in ihren unendlichen Variationen abbildet. Und der in diversen Fachabteilungen der Lebenswelt herumstöbert, ohne den Tiefenschichten der lebensumspannenden Alltäglichkeit nachzuspüren. Dort passiert es nämlich, dass via Babyminus seitens der Weiblichkeit das berühmte Humankapital verspielt wird. Dieses samt all den desaströsen Folgen für die Lebenskraft der Gesellschaft.

Die Artikulation sozusagen des Weiblichen in seiner traditionellen Form als des mit heimischer Haustätigkeit und privater Humanbetreuung wesentlich Betrauten ist sozusagen nicht möglich. Dabei wäre das was, wenn da öfters eine womöglich von einem Mannmoderator auf einem wichtigen

TV-Kanal geleitete Hundertprozent-Frauentalkrunde (als Spiegelbild zu den von Fraumoderatoren häufig dirigierten Hundertprozent-Männertalkrunden) sich unbefangen äussern könnte zu Alltagsnöten! Beispielsweise zu dem grundlegenden Problem der Zeitfalle, in die das Private, das Familiale geraten ist. Und dazu, dass „Frauenförderung" es zwar Frauen ermöglicht, mannähnlich Lebenspfaden zu folgen, umgekehrt jedoch die „Männerförderung" fehlt, die bewirkte, dass Männer frauenähnlich diensteifrig Häusliches besorgten.

Jener Standardsingsang, demgemäss Beruf und Familie (besonders für weibliche Menschen, versteht sich) „vereinbar" gemacht werden müssten, dieser Singsang also, der da unter anderem aus familienministerialen Büros herausschallt, hinterlässt zwar einige mediale Tonspuren. Das ist aber ein Tropfen auf den heissen Stein. Nötig wäre vielmehr eine mediale Bühne mit einem Stimm- Orchester von „Frauen aus dem Volk", um mal den altmodischen Begriff zu benutzen. Sie müssten öffentlich Stellung beziehen können zum Vergilben des Modells „Hausfrau" etwa, den jedoch fehlenden Ersatzlösungen und der Folge von Humanverwüstung. Da gäbe es viel Erörterungsbedarf. Bekanntlich tritt an die Stelle der Hausfrau nicht der Hausmann. Was dann? Wo bleiben die „Hausleute"? Brauchen wir die gar nicht oder vielleicht doch? Oder ist sich sozusagen jeder/jede selbst der /die Nächste? Tragen wir am Ende schneckengleich nunmehr alle unser Haus auf Rücken? Also kurz: Wie sieht es aus im Haus, was läuft da, lagern wir dort auf der Freizeitwiese oder wartet da Arbeit? Und wenn schon von beidem etwas dabei sein mag: Liegen Männer zu viel auf dieser Wiese und überlassen Frauen zu viel von der Arbeit? Und so weiter und so weiter. Anhand dieser Tonleiter wird medial nichts vermittelt.

Solcherlei offene sachliche Debatte gehört ins Reich eines Medienutopia. Welche männlichen Medienleitenden kämen schon auf die für sie absurde Idee, ihr Raum zu geben? Gar vielleicht dabei Männer und Frauen ein Wechselgespräch führen zu lassen? Eine „Realityshow" dieser Art findet nicht statt.

Es ist nun mal so, dass beispielsweise polittalkende Moderatorinnen oder Nachrichtenjournale präsentierende oder Politmagazine „herüberbringende" Medienfrauen, die die schwierige Sprossenleiter hinauf zu oberen Etagen im TV bewältigt haben, ganz im Sinne männlicher „Coolness" agieren, orientiert an Denk-und Rede-und Fragemustern in vorgegebenen Bahnen. Dazu passt denn auch, dass Moderatorinnen manchmal so richtig eine Hundertprozent - Männerquote in ihrer Talkrunde zu geniessen scheinen. Wer kann es ihnen verdenken? Sie haben es geschafft nach oben und sie werden den Teufel tun, etwa abzuweichen von vorgegebenen männlichen Richtpfeilen des Mediengeschäfts. Weibliches präsentiert sich auf diese Weise „vermännlicht" - befreit quasi vom Ballast einer Weiblichkeit, die in der Gesellschaft „unten“ siedelt.

Das Ärgernis überwiegend männlich besetzter Talkrunden - wen stört es? Wer hätte auch die Kraft oder den Einfluss zu Protest dagegen? Auch da, wo man denken könnte, es wären um der Sache willen dringend ausreichend weibliche Stimmen vonnöten - vielleicht betreffs Sozialpolitik, Gesundheitspolitik, Umweltpolitik, Schulpolitik oder „Biopolitik“ (um das neumodische Wort aufzunehmen) fehlen sie. Dies, obwohl sie vielfach aus „fachkompetentem“ Bereich heraus mobilisierbar wären. So sieht sie eben aus, die Machtverteilung zwischen den Geschlechtern. An die weiblichen Gebührenzahler bei den öffentlich-rechtlichen Anstalten, denen die dauernde Überrepräsentanz von Männerköpfen möglicherweise die Laune verdirbt, denkt sowieso keiner. Die haben die Medienmenues zu verdauen, so wie sie auf den Tisch kommen. Sie sind die „lieben Zuschauer“ und werden meist nicht mal angesprochen als „Zuschauerinnen“, worauf sie doch als weibliche Gebührenzahlende sprachlich Anspruch hätten.

Da gibt es übrigens feine Unterschiede: Mannpolitiker müssen an die Wählerschaft denken, die zweigeschlechtlich zusammengesetzt ist. Daher machen sie sprachliche Honneurs an Frauen, indem sie von „Bürgern und Bürgerinnen“ oder „Wählern und Wählerinnen“ reden. Das haben die Medienleute nicht nötig. Sie halten unverdrossen weitestgehend „den Zuschauer“ und „den Bürger“ und „den Wähler“ hoch - und sowieso auch „den Kunden“ und „den Verbraucher“ oder „den Schüler“ und „den Studenten“, nicht zuletzt „den Arzt“ und „den Apotheker“. Der Zuschauer, Frau Schulze, und der Bürger, Frau Schmitz- sie haben sich als Medienkonsumentinnen abzufinden mit dem ganzen journalistischen Mannsprachgepränge. Journalisten sehen sich eben nicht abhängig von weiblichem Wahlverhalten. Sie brauchen demnach Frauen sprachlich nicht unbedingt Blumen zu streuen.

Aber was soll es? Wer käme schon auf den Gedanken, dass zwischen der Sprachunterdrückung des Weiblichen und der öffentlichen Nichtthematisierung der tiefsitzenden Gründe für den Zerfall von Familienstrukturen und für die Auflösung menschlicher Verbundnetze ein innerer Zusammenhang besteht? Einer, der mit Niedrigstufung des Weiblichen zu tun hat? „Wenn wir nicht unsere Familie hätten...“, sagen dagegen ganz im alten Stil heldenhaft operierende Ärzte in TV-Serien, wenn sie mal eben wieder einem Patienten unter persönlichem Höchsteinsatz das Leben gerettet haben und erschöpft an Ruhe versprechende Gefilde des Heimischen denken. So einfach ist das in der heilen Welt medial vermittelter Unterhaltung.

Apropos Unterhaltung: Die Bild- Darstellung der Frau als Sexware für männliche Leser auf den Titelseiten von Boulevardblättern macht deutlich, wie ungebremst nach Lust und Laune die maskulinen Blattmacher ihre jeweilige Version von Weiblichkeit medial umzusetzen in der Lage sind. Was für diese Herren zählt, das sind die männlichen Lesenden. Ist das moralistisch gedacht? Ach was - es geht nur darum aufzuzeigen, wie eben die Dinge funktionieren nach der Devise: „Mann ist gleich Subjekt, Frau ist gleich Objekt." Das aber wiederum ist indirekt ein Hindernis für einen ehrlichen Geschlechterdialog über die Humannöte dieser Gesellschaft, wie sie sich im Geburtendefizit spiegeln.

Abgesehen von Boulevardblättern. Generell gilt: Ein Herrenclan mit kaum weiblichen Einsprengseln an irgend wichtiger Stelle sitzt in den Redaktions- und Verlagshäusern der führenden (und ebenso der nichtführenden) Blätter in Deutschland. Das ersieht man bereits aus dem Impressum der Zeitungen, da sind weibliche Journalisten ausgesprochene Mangelware. Und so geschieht es denn, dass zum Beispiel gesellschaftspolitische Fragen gerade auch in bedeutsamen überregionalen Zeitungen fast ausschliesslich von Schreibern männlichen Geschlechts erörtert werden. Sie feilschen mannmässig aus Männersicht mit den Argumenten, fechten zuweilen mit dem intellektuellen Florett gegeneinander, werfen sich die und jene Thesen an ihre männlichen Köpfe, drehen zumal auf Kulturseiten rhetorische Pirouetten betreffs Gesellschaftliches und halten als Mannautoren so den Debattenraum weitgehend sauber für die Verbreitung männlicher Geistigkeit.

Langweilig ist aber dieses immerwährende Männerballett auf der Medienbühne - nur dass solches selbstverständlich den entsprechenden Akteuren nicht zum Bewusstsein kommt, die ja ihre Geschlechtsdominanz als „normal" ansehen. Zum geschlechtlichen Einheitsbrei passen da übrigens gut die Photos der Herrenriegen auf den Wirtschaftsseiten der Zeitungen. Jener Herrenriegen, die in den Firmen regieren und auf den Schauplätzen von Märkten und Börsen das Geschehen bestimmen.

Über Themen wie Embryonenforschung oder Reproduktionsmedizin unterhalten sich bekanntlich öffentlich vorwiegend Männer, obwohl der weibliche Körper insbesondere davon betroffen ist und damit weibliche Einschätzung und weibliche Meinung gefragt sein müssten. Das schert sie natürlich überhaupt nicht, all die Mannwissenschaftler und Mannkapitalgeber aus der Medizinindustrie und die Mannphilosophen und die Manntheologen. So wird denn auch so nebenbei zur Zukunftsfrage stilisiert, was keine ist. Nicht die Frage, ob „Heilung" beim Menschen durch Verwertung seiner Ursprungszellen, also solche Art der „Selbstverwertung" des Menschen durch den Menschen möglich ist, verlangt höchste Aufmerksamkeit, sondern die andere Frage, die da lautet: Wie kann Menschenursprüngliches durch Schaffung von Lebensbedingungen gerettet werden, die die natürliche Menschenreproduktion begünstigen?

Das heisst: Wie schaffen wir es, genügend Kinder aufwachsen zu lassen, Generationenbeziehungenn in Menschlichkeit einzubetten, einer humanfeindlichen von Markt und Beruf erzwungenen Individualisierung entgegenzusteuern? Warum werden nicht öffentlich eingehend die Gründe erörtert, weshalb Eltern keine oder zuwenig Zeit für Kinder haben und Jugendliche auf die schiefe Bahn geraten, weil niemand ihnen genügend menschlichen Halt zu geben vermag? Was soll da eine Aktion mit Plakaten, auf denen zu lesen war: „Kleine Medienexperten brauchen grosse Berater“ - darstellend Kinder vor einer Fülle von Bildschirmen? Man muss sich als Kontrast dazu vorstellen: Männliche Arbeitsmarktexperten - künftigen Fachkräftemangel im Blick - warten mit der „Entdeckung“ auf, dass da ja noch weibliches Potential „brachliegt“, das selbigem Arbeitsmarkt zugeführt werden könne - wohl gar nach dem Motto. „Faule Frauen sollen fleissig werden - wie wir Männer das schon lange sind!“ Der Widersinn kennt keine Grenzen.

Dann werden sicher noch viel mehr liebe Kleine einsam vor Bildschirmen sitzen, da ja Mama „jobbt“, was das Zeug hält. Das erinnert - salopp gesprochen - wahrhaft an eine Gesellschaft, in der die linke Hand nicht weiss, was die reche tut. Manngelenkte Medien verstärken diesen schlimmen Trend. Dies unter anderem auch, indem sie ohne kritische Zwischenrufe unters Volk streuen, was männliche „Arbeitsexperten“ lebensfremd so öfters von sich geben. Beispiel: Da monierte vor einiger Zeit ein führender Mann eines angesehenen Wirtschaftsinstitutes öffentlich, dass die Bundeswehr- „Zivis“ (Zivildienstleistende) Arbeitsplätze „stehlen“ würden. Schliesslich könne man doch das, was sie täten, in offiziell „richtige“, also auch steuer-und sozialversicherungspflichtige Arbeit umwandeln.

Die „Zivis“ - das ist oft noch der allerletzte Halt für Gebrechliche gewesen, die sich. mühen, selbständige Lebensführung, wenn auch unter oftmals recht schwierigen Umständen, in der eigenen Wohnung aufrechtzuerhalten. Einkaufen für den täglichen Bedarf, womöglich zusammen mit den alten wacklig gewordenen Herrschaften, selbige unterwegs sanft stützend, auf diese Weise ihnen auch gleich frische Luft vermittelnd, sodann etwa bei der Reinigung der Wohnung helfen, Medizin aus der Apotheke holen und nebenbei mit oft einsamen Alten ein diesen wohltuendes Schwätzchen halten - mit all dem füllten in begrenztem Umfang „Zivis“ eine Menschlichkeitslücke.

Menschlichkeit - irgendwie ist das ökonomisch wohl nicht einzuordnen. Vielleicht dachte man in dem Wirtschaftsinstitut gar an die Umpolung der „Zivi“-Tätigkeiten zu einem Fachberuf mit eigenem „Ausbildungsprofil“, mit einem Ausbildungsgang für Einkaufen, für Reden mit alten Damen und Herren, für Fensterputzen in deren Wohnung und so weiter? Wer weiss? Dieser Logik zufolge müsste man auch Hausfrauen oder generell Haustätigkeiten Verrichtende des „Arbeitsplatz-Klaus“ bezichtigen. Lassen wir die Ironie beiseite. Worum es sich handelt, ist dies: Die Erörterung der Lebensumstände mit ihren Kraft-und Zeitanforderungen in der Gesamtheit - also auch im privaten nicht der Erwerbsarbeit zugeordneten Bereich - findet in den Medien nicht statt. Daher dürfen die möglichst wissenschaftlich gebildeten „Jobexperten“ munter drauflosschwadronieren, ohne dass es da ein Korrektiv gäbe aus eben jener Gesamtsicht. Dies ist nicht zuletzt traurige Folge einer einseitig männlichen und daher verengten Betrachtungsperspektive, die nicht dazu taugt, den Dingen auf den Grund zu gehen.

Kapitel neun

Wohnen in den Kartenhäusern der Experten

„Die Gesellschaft des Verschwindens“ lautet der Titel eines Buches des Autors Stefan Breuer mit dem Untertitel „Von der Selbstzerstörung der technischen Zivilisation“(Junius-Verlag). Die Grundthese des Buches, in dem wissenschaftlich-theroretisch argumentiert wird, heisst: In dem Masse, in dem sogenannter technischer Fortschritt das Ganze des Lebens immer mehr tranchiert in immer kleinere Stücke des Spezifischen, in eben dem Masse rückt die Zerstörung der das Ganze tragenden natürlichen Existenzbedingungen näher. Genau dies nun lässt sich plastisch ablesen an der Katastrophe ungenügender Geburtenzahlen.

Warum gerade daran? Sagen wir es so: Wenn das Leben sich dem Leben verweigert, dann bedeutet dies, dass in der Lebensorganisation Entscheidendes nicht stimmt. Etwas, das sich dem Zugriff der sogenannten Experten, dieser scheinbar unentbehrlichen Spezies der Sach- und Fachkundigen mit ihrer klein- und kleinstteiligen Sicht der Dinge entzieht. Dennoch tönt es von deren gesellschaftlichem Thron in Richtung „Normalbürger“ so nach dem Motto: „Wir wissen alles und ihr wisst nichts!“ Das Volk kann sich nicht dagegen wehren, von den Experten quasi einem Kinde gleich an die Hand genommen zu werden. Dass dies „Alles" der spezifisch Spezifisches Kennenden nun aber sich zusammensetzt aus lauter Wissensstücken und Wissensstückchen, die aneinandergestückelt nicht sehr viel aussagen über den Zustand des Ganzen, ja dessen Wahrnehmung verhindern, mindestens behindern - das ist das Problem.

„Wir wissen was, was Ihr nicht wisst" könnte dagegen - um im Bilde zu bleiben - das Volk, insbesondere dasjenige weiblichen Geschlechts, den neunmalklugen Clans der Experten für dies und jenes entgegenrufen. Zum Beispiel: „Wir, die wir das Leben einfach leben ohne Eure Expertengenehmigung, wir geben unser Wissen kund durch unser kreatürliches Verhalten, und zwar im Privaten, wo wir-durch die Umstände gezwungen - nur mangelhaft für Nachwuchs sorgen!" Und das Volk könnte noch hinzusetzen: „Was nützt uns all Euer funkelndes Expertentum, wenn doch das Ganze unseres Lebens, zu dem Euch der Zugangsschlüssel fehlt, Schaden leidet!"

Lassen wir das Blumige beiseite: Die mächtige Zunft der Experten wird gemästet vom etablierten System mit dem ihm innewohnenden Spezialisierungsdrang. Insofern ist sie in der Lage, aus einer komfortablen Position heraus sich augenscheinlich ständig neue Betätigungsfelder zu eroben. Auch wenn - siehe Demographie - die Krise des Ganzen zur Debatte steht oder stehen müsste. Diese „Expertokratie" - nennen wir es so - folgt ihrem am Detail ausgerichteten Existenzprinzip und werkelt fleissig weiter in allen möglichen Teilbereichen beziehungsweise Teilen von Teilbereichen. Sie dringt -genährt von der geistigen Diktatur des „Wissenschaftlichen" - in die verschiedensten Ritzen und Winkel der Lebensräume vor. Man muss auch dabei bedenken: Aus Krise, aus Krisenhaftigkeit lässt sich für Experten zumindest eine Zeitlang Kapital schlagen. Schliesslich sind es häufig Expertenkommissionen, nach denen gerufen wird, wenn Rezepte dagegen gesucht werden.

Dass es Experten für Molekularbiologie und Kommunalverwaltungsrecht, für Finanzdienstleistungen und Kieferorthopädie, für Kinderpsychologie und Kommunikationswissenschaft, für Strassenbau, für Wirtschaftsstrafrecht, Stadtteilsanierung, Kriminalstatistik und Gesundheitskostenmanagement gibt - das klingt grossartig. Das belebt auch das Gaukelspiel von einer Gesellschaft, die wunderbar effektiv gestaltet dadurch ist, dass „Leute, die es wissen müssen" - im jeweils Einzelnen kenntnisreich - zur Verfügung stehen Die Experten weisen - wie es aussieht - den Weg, sie sind zu den eigentlich Redemächtigen geworden. Das wiederum bedingt indirekt eine Art Schweigegebot für die, die keinen Expertenstatus vorweisen können. Für denkende Menschen etwa, die zwar über eigenständiges

Urteils-und Kritikvermögen verfügen, dennoch aber kaum eine Chance haben, damit durchzudringen. Dies, zumal ja die sogenannten Volksvertreter in den Parlamenten ihrerseits den Fusspuren der Experten folgen.

Ein anschauliches Exempel: Denkende Menschen erkennen, dass der Systemeinsturz des Gesundheitswesens vorprogrammiert ist. Das hängt wesentlich zusammen mit den Wucherungen eines geldgewinnausgerichteten Expertentums, das kein Mass und Ziel kennt. Dabei gebiert Expertentum weiteres Expertentum, abzulesen daran, dass schliesslich wiederum Experten auf den Plan treten, um ursprünglich expertenmässig begangene Wege, die sich als Holzwege erweisen, zu versperren. Dauergerede über sogenannte „Reformen“ verdeckt dabei grundsätzliche Unreformierbarkeit gerade wegen einseitig expertengeformter Systematik.

Wenn „Nichtexperten“ (vor allem solche an der Lebensbasis Wirkende des weiblichen Geschlechts) reden könnten! Dann könnte zum Beispiel laut werden, worauf es ankommt in einer „alternden“ Gesellschaft, die speziell auch im Blick auf beschwerliches Alter über zunehmend weniger Quellen des Menschlichen, des Humanfürsorglichen verfügt. Dann würde es möglich sein, in umfassender Weise über Gesundheit zu sprechen, nicht nur in einer, die sich vornehmlich Störungen im Körpermechanismus widmet und der Schwierigkeit, kassenmässig für deren Beseitigung genügend finanzielle Mittel zu mobilisieren. Dann könnte ausgesprochen werden etwa, dass Einsamkeit krankmacht, dass diese Gesellschaft immer dringender einfach „helfende Hände" benötigt, die Menschlichkeit im Alltag praktizieren.

Beispiel: Im Alten-und Pflegeheim brauchten weniger diverse Tabletten von den Arzt-Experten verschrieben zu werden - insonderheit irgendwelche Antidepressiva -, wenn Menschen da wären, die sich in familiär-persönlicher Weise rund um die Uhr der dort Wohnenden annehmen würden. Gesundheit beziehungsweise tapferes Aushalten von Kränklichkeit oder Krankheit hat schliesslich zu tun mit dem Zustand der Seele. Und da ist der schlecht dran, der nicht auf Menschenseelen zählen kann, solche, die Signale des Miteinandervertrautseins aussenden. Nichts gegen vernünftigen Einsatz von Tabletten da, wo er unumgänglich erscheint. Nur: Der Facharzt, geschweige denn die Leute der Pharmaindustrie, diese mit dem Expertentum Verquickten, es Ankurbelnden - sie sind keine lebenspraktischen Menschlichkeitsspender wie sie etwa eben aus dem Familiären erwachsen. Aber mit dem Familiären - wir sagten es - ist das so eine besondere Sache, wenn doch der „Onkel Rentenexperte" verkündet, dass alle (klaro Frauen genau wie Männer) demnächst vielleicht erwerbsarbeiten müssen bis zum Umfallen, sprich bis gar in Alterszeiten, da die Grablegung nicht mehr allzu fern scheint. Dann sieht es schlecht aus mit „Zeitkonten“ für arbeitsames Menschlichsein.

Mag sein, dass die ganze Expertenherrlichkeit gar bald aus natürlichen Gründen an Grenzen stösst, dass ihr Ausufern gebremst wird - einfach, weil eine geburtenarme Gesellschaft ihr nicht genugend „kluge Köpfe“ beschert und weil vielleicht schrumpfender Wohlstand und menschliche Nöte, wie sie Familienzerfall auslöst, wieder stärker den Blick freigeben auf die Anforderungen des Humanganzen, die sich Wertungsmasstäben detaillistischer Art entziehen.

Derweilen allerdings feiert das Expertentum der vielen Experten mediale Feste. Da veranstalten Tageszeitungen zum Beispiel Aktionen mit allen möglichen Experten, die dem Leservolk wichtiges zu Wissendes aus der Expertenschatzkiste präsentieren, sei es nun, dass es sich um die Linderung von Prostatabeschwerden dreht, die Lösung von Problemen des Schulstresses der Schüler und Schülerinnen oder etwa um Mietrechtsangelegenheiten. Experten sind irgendwie für alles, aber letztlich damit auch für nichts zuständig, insofern man berücksichtigt, dass ja alles mit allem zusammenhängt und die Expertenkaste gerade diesen Gesamtzusammenhang nicht erfassen kann.

Experten werden häufig engagiert für die Paraderolle von „Beratern“. Dabei werden viele viele Euros aufgewendet, die den Beratern zugutekommen, weniger denen, denen die Beratertätigkeit gewidmet ist. Da treten zum Beispiel Kommissionen auf, deren Auftrag lautet, die „Pflegequalität" in Heimen zu prüfen. Heraus kommt irgendein umfangreicher Bericht, der bedeutsam wirkt, eben weil er so umfangreich ist. Die Auftraggeber haben ein gutes Gewissen;der Bericht aber verschwindet in ihren Aktenschränken. Das Geld für solche Kommissionen hätten die Bewohner und Bewohnerinnen in den Heimen selbst bitter nötig, damit ihr Alltag dort lebensfreundlicher würde. Oder aber ein anderes willkürlich herausgegriffenes Beispiel: Eine Expertenkommission erforscht das „Schlafverhalten von Grundschülern", um mit den Beratungsergebnissen Eltern zu beglücken. Dabei ist bekannt, dass Eltern - berufsbedingt - immer weniger Zeit für ihre Kinder haben und es ihnen also schwerfallen dürfte, sich überhaupt mit derlei Expertenresultaten zu befassen beziehungsweise auszuprobieren, wozu sie in der Praxis taugen könnten.

Wie dem aber auch sei: Experten, vor allem in ihrer Überzahl, tendieren dazu, das Volk in falscher Sicherheit zu wiegen. Der Eindruck entsteht: Lasst nur die Experten machen, dann sind wir allesamt gut bedient. Solches lähmt die Kräfte des Selbstverantwortlichen, auch natürlichen Selbsterkennenden, verstellt nicht zuletzt den Blick auf Humanmisstände. Hier ein Exempel - wiederum aus dem Medizinbereich in seinem Bezug zum Leben von Alten in

Heimen, deren Anzahl aufgrund der demographischen Situation bekanntlich steil ansteigen wird.

Der Arzt XYpsilon in der Stadt XYpsilon, der die alte Frau XYpsilon in einem Pflegeheim aufsucht, verschreibt ihr nicht, kann ihr nicht auf Rezept - der Krankenkasse einreichbar-verschreiben, was das Dringendste vom Dringendsten wäre: die Zufuhr von Sauerstoff in Form des Einatmens von frischer Luft im nahegelegenen Park beispielsweise. Das passt nicht zu seinem Expertentum und dem seiner Mitstreiter aus der Pharmaindustrie. Ganz abgesehen davon: eine solche Verschreibung, gäbe es sie denn, wäre per Kasse nicht finanzierbar, weil selbige Personen zu bezahlen hätte, die besagte alte Dame in ihrem Rollstuhl in den Park kutschierten. Stattdessen aber können Experten -in dem Fall unter anderem „Gerontopsychologen" (was für ein Bedeutsamkeit ausstrahlender Begriff !) - Expertenstudien erstellen über geistige und seelische und damit einhergehende körperliche Befindlichkeitsstörungen von betagten Heimbewohnern und Heimbewohnerinnen. Und sie können sich dabei auslassen über Vorteile und Nachteile der Zufuhr von Psychopharmaka.

Frische Luft, Sonnenschein und Seelenbeistand - das wäre für jene alten Menschen Balsam. Das jedoch ist in einer Gesellschaft, die von den „höheren Wahrheiten" aus Expertenmund sich gelenkt sieht, kein öffentliches Thema. Da gehen denn die sogenannten „einfachen Wahrheiten“ unter. Das, was scheinbar Hinz und Kunz weiss, sozusagen noch weiss trotz ständiger Belehrung duch Experten, das lässt sich eben nicht gut in Geld umsetzen, sprich nicht gut vermarkten. Und damit wiederum erscheint das „Hinz und Kunz“- Wissen, so bedeutsam und wichtig es auch sein mag, als im Wert gering, obwohl das Gegenteil der Fall ist.

Weisse Flecken auf der Landkarte von Welt und Leben hinterlassen Experten also im allgemeinen dort, wo sie keine Markierungen finden, die zu Geldquellen führen. Hätten zum Beispiel die sogenannten „Pflegeexperten“ ein paar Minuten im Zusammenhang mit Sterbevorgängen in das Regelungsraster der „Pflegeversicherung“ eingebaut, dann wären vielleicht schon „Sterbeexperten“ auf den Plan getreten. Welch reichhaltiges Betätigungsfeld eröffnete sich ihnen da! Eine breite Spezies könnte aktiv werden: von Sterbeprozessfachpsychologen etwa bis hin zu Sterbestanddard-Qualitätskontrolleuren oder Sterbekosteneffizienz-Sachverständigen u. s. w., u. s. w. Für fortschrittliches, da expertengechektes Ableben könnten diese Leute Sorge tragen. Neue Arbeitsplätze würden auch auf solche Weise entstehen;noch im Sterben könnte also der Mensch die Wirtschaft beleben !

Schluss mit dem Sarkasmus, nur noch so viel: Im Denkwalzwerk modernen Expertentums gelten Masstäbe, die der Mannperspektive entstammen. Der Untergrund des weiblich Lebenstragenden mit seinen alles umfassenden zentralen Stützelementen gerät so in Vergessenheit. Die lieben Familienexperten stossen keineswegs in die Tiefe vor, da sie die Lebensstudie, auf die es ankäme nicht zu verfassen in der Lage sind. Jene Studie mit dem Arbeitstitel: „Was bedeutet es für Mensch, Menschlichkeit und Fortpflanzung, dass das Weibliche, das Mütterliche an-und aufgesogen wird von Welten, in denen Mannarchitektonisches dominiert?“ Wobei noch hinzuzufügen wäre, dass hier nicht an die Rückführung der Frau in die Frauenwelt des „Herdsorgerischen“ gedacht ist, sondern an eine Austarierung der Gewichte des Geschlechtlichen auf den Handlungs- und Denk-und Entscheidungsebenen des Lebens in ihrer jeweiligen Bedeutsamkeit.

Jene Austarierung kann - nehmen wir als Alltags-Beispiel die Prospekte von Möbelhäusern - freilich nicht stattfinden, solange dort die Werbeexperten ihre Kücheneinrichtung preisen unter ausschliesslicher Zuhilfenahme der Bilder von flotten Frauen, die dort augenscheinlich begeistert Dienst verrichten. Man sieht da ab und an in solchen Prospekten gar Männer an irgendwelchen Küchen-Esstheken sitzen, an denen sie von eben jenen Frauen nett bedient werden. Auf solche Weise wird suggeriert, alles befinde sich im Häuslichen, im Familiären also, in guter Ordnung, da weiterhin wie eh und je ganz selbstverständlich von weiblicher Arbeitsamkeit treulich umhüllt. So bleiben die Nöte der demogrpahisch maroden Gesellschaft verborgen hinter den Geschlechterklischees.

Kapitel zehn

Das unfruchtbare Land der Ethikertheorethiker

Es ist seit Jahrtausenden Sache der Männer gewesen, von Generation zu Generation Gebäude geistiger Vorstellung zu errichten, an Vorgefundenem erfinderisch den eigenen Formwillen auszuprobieren. Frauen hatten die passive Rolle, konnten nur gleichsam vom Ufer aus dem männlichen Treiben auf den Strömen dessen, was im Laufe der Zeit als neu erkannt, neu zu bewältigend und neu machbar sich darstellte, zusehen. Sie hatten sich darauf einzurichten, daraus erwachsendes Gutes oder Schlechtes hinzunehmen, so oder so die Folgen zu tragen. An dieser Geschlechter-Grundkonstellation hat sich im Kern nicht allzuviel geändert. Zwar mag es so aussehen, als habe innerhalb moderner westlicher Zivilisation die sogenannte Emanzipation der Frauen, also Befreiung vor allem von rechtlicher Bevormundung durch den Mann, die überlieferten Elemente nach dem Muster „Mann ist gleich führend - Frau ist gleich geführt“ ihrer Prägekraft beraubt.

Hätte aber ein echter Umsturz stattgefunden, dann könnte es ja so sein, dass heutigen Tages inmitten eben jener Zivilisation die Frauen auf dem Strom des Denkerischen gleichzeitig oder abwechselnd mit den

Männern die Steuerruder in der Hand hätten - oder dass gar Letztere von den Ufern aus weiblicher Kursvorgabe zusähen. Nein, so ist es nicht. Die Fahrsignale bezüglich des Gesellschaftlichen, zumal im bestimmenden Geistigen, werden weiterhin ganz überwiegend vom maskulinen Geschlecht gesetzt.

Das wiederum hat erhebliche Konsequenzen für die Menschengemeinschaft und das Menschenleben. Denn auf diese Weise sind - siehe Geburtenmangel und Familienzerfall - schon lange zu beobachtende gefährliche unterirdische Strömungen, die Unheil verheissen für die Fahrrinnen, in denen sich sozusagen alles bewegt, unbemerkt geblieben. Und auch jetzt gelingt es speziell der männlichen Spezies der Fortschrittshektiker nicht, selbige Strömungen richtig wahrzunehmen, geschweige denn ihren Urspung zu orten. Es ist ihnen daher auch nicht möglich, den Zustand des Geschlechterverhältnisses in seiner Wirkung und Auswirkung auf die Kraftaggregate des Humanalltäglichen als entscheidend ins Kalkül zu ziehen.

Die ruhelosen männlichen Protagonisten der technisch-wissenschaftlichen Moderne wie beispielsweise die forschenden Molekularbiologen haben offenbar gar nicht die Phantasie, sich vorzustellen, dass da noch eine Realtität existiert, die das, was sie in ihren Köpfen ausbrüten, stark überschattet. Einmal ganz simpel ausgdrückt, nichtsdestoweniger aber den Kern der Dinge offenlegend: Sie sind eben nicht Angehörige des Leben per Geburt erneuernden Geschlechts, für die Welten des menschenzugewandten Heim-und Haussorgerischen sind sie nicht zuständig, vom weiblich Waltenden im scheinbar „Kleinen" profitieren sie nur, auf dass ihr Blick frei ist für das „Grosse" , von dem sie annehmen, es sei zukunftsbestimmend

Um das „Grosse" kümmern sich da auch die Herren Moralexperten, die nunmehr ganz aufgeregt dabei sind, ihr mit akademischen Graden versehenes Wissen um Spielarten der sogenannten „Ehtik" den Designateliers des Fortschritts zur Verfügung zu stellen. Designateliers, die dem Menschen zum Beispiel nahelegen, zu „Heilungszwecken" auch die eigene Art auszuschlachten, per Embryonalzellforschung Wege zu Krankheitsbekämpfung zu erschliessen.

Nun, das da entstandene und entstehende Betätigungsfeld für „Ethiker" und „Ethikertheoretiker" - mit ihren Fachdisziplinen von Moraltheologie über Medizinethik bis zu Rechtsphilosophie beispielsweise - ist riesig, verspricht sozusagen Ackerland für Sittlichkeitsspezialisten in gewaltigem Ausmass. Wer wird da schon altmodisch danach fragen, wie es mit dem praktisch Ethischen in einer Gesellschaft bestellt ist, in der es nicht mehr stimmt im Zahlenverhältnis zwischen Geburten und Sterbefällen, also mit natürlichem Ausgleich von Lebensende durch Lebensanfang? Eigentlich könnte es als Gipfel des

Absurden erscheinen: Eine Gesellschaft, der es an Embryonen fehlt, um per Fortpflanzung Humanbestandserhaltung sicherzustellen, lässt auf der Bühne der Öffentlichkeit spitzfindisch -intellektuelle Fechtkunststücke darüber zu, inwieweit sich herausbildendes Leben - Vorembryonales oder Embryonales - dem Forschergeist zur Verfügung gestellt werden darf. Eine Kulturgroteske der Sonderklasse ist dies, ein Schauerstück auch.

„Verkehrte Welt“ zeigt sich da. Verkehrt insofern, als das Volk gezwungen werden soll, sein Heil - durch das Versprechen der Befreiung von Krankheit - von Forschern zu erwarten., wo es doch das Heil bei sich selbst suchen, wo es eigene Kräfte mobilisieren müsste. Eigene Kräfte, um bessere Bedingungen für die natürliche Weitergabe des Lebens zu schaffen. Es ginge darum, die gesellschaftliche Krankheit zu bekämpfen, die Mütter zur bedrohten Art gemacht hat. Dabei müssten Frauen das Sagen haben. Es nützt nämlich nichts, wenn da etwa bekannte konservative männliche Juristen - aufgeschreckt durch den Geburtenmangel - in irgendwelchen Gazetten für die Institution Familie streiten. Dies, indem sie teilweise biedermännisch dafür plädieren, Frauen (im Gegensatz zu Männern) eine „Karriere in der Familie“, sprich also am heimischen Herd zu ermöglichen. Nötig ist vielmehr eine allgemeine Verabschiedung von manngestalterischen Denk-und Handlungsprinzipien, deren Absolutsetzung ganz augenscheinlich in die Humanwüste führt.

Manngestalterischem entspricht es jedoch offenbar, unter Aufbietung grössten akademisch geschulten Scharfsinns zu philosophieren über Urbausteine menschlichen Lebens, über deren Status in Labors der Molekularbiologie, über Zusammenhänge oder Nichtzusammenhänge zwischen solchen Bausteinen und der Menschenwürde. „Nur weiter so, ihr Theoretiker, die Ihr Euch streitet über das, was Wissenschaft wirkt, wirken soll oder nicht wirken soll - die Lebenspraxis hat sowieso das letzte Wort!" So liesse sich da ironisch ausrufen. Wobei damit an die Demographie als Widerspiegelung von Lebenspraxis zu denken wäre.

Erstmal aber sind es die das Leben „lebenswissenschaftlich" Durchforstenden, auf die sich die Aufmerksamkeit richtet. Schliesslich gebieten sie über Argumentationsgeschütze, deren Donnergeräusche Respekt einflössen: Es stehe zum Beispiel in Sachen Embryonenforschung der „Forschungsstandort" Deutschland (und Europa) auf dem Spiel. So tönt es. Und jeder und jede weiss inzwischen, dass damit auch die sattsam bekannte „globale Wettbewerbsfähigkeit" zu tun hat und damit wiederum die sattsam bekannte „Sicherheit der Arbeitsplätze" und so weiter und so weiter. Warum dann also nicht leichten Herzens ein paar kleine moralische Risiken eingehen - wenn es denn überhaupt welche sind , gemessen an der Tatsache, dass der Fortschritt schliesslich auch ein fortschrittliches Risikobewusstsein erfordert?

Da haben sich inzwischen Forschungsmatadore zu Wort gemeldet, die gewaltigen rhetorischen Inszenierungsaufwand treiben, um dem Publikum weiszumachen, es sei geradezu eine Art ethische Pflicht, Risiken nicht auszuweichen, sondern selbige mutig in Kauf zu nehmen. Ein besonders Redegewandter von ihnen (Er war in Führungsposition bei einem Forschungsverband.) verstieg sich bei seinem Plädoyer für weitgehend unbehinderte Embryonalstammzellforschung und bedenkenfreie Anwendung von Methoden der sogenannten Reproduktionsmedizin zum martialischen Appell an die Gesellschaft, gleich Cäsar den Rubikon zu überschreiten. Intellektuell-schlaumeierisch zierte er selbigen Appell mit dem aufklärerischen Hinweis, das Menschenbild, das die Menschen von sich hätten, sei schliesslich „kulturabhängig“, den Geltungszwängen der jeweils aktuellen Kulturepoche unterworfen. Sollte also wohl im Klartext heissen: Niemand kann sagen, wir handelten unmoralisch, wenn wir die Chancen unserer Epoche nutzen und dabei auch frisch gezeugtes Leben aus der Perspektive von Einsatzmöglichkeiten für die Medizin sehen.

Das Leben demnach also den Wissenschaftlerlabors anvertrauen? Eine Gesellschaft, die Not leidet an Nachwuchs, an natürlicher Lebenszufuhr mit all den Minusbilanzen in Sachen Menschlichkeit - die wäre wahrlich aufgefordert, gedanklich innezuhalten, den Forscherdrang zu bremsen und speziell modernen „Heilern“, die begierig auf Embryonales oder Vorembryonales blicken, gründlich zu misstrauen. Nicht das „Überschreiten des Rubikons“ ist Thema, sondern sorgsame Bewirtschaftung der Human-Ländereien dieseits des Rubikon.

Das Gebot hiesse: den Pfaden der Lebenswirklichkeit nachzuspüren, wie sie sich zumal Frauen als dem gebärenden, mit „Familiendienst“ und Menschenbetreuerischen unmittelbar vertrauten Gechlecht darstellen. Dazu aber bedarf es keiner männlichen „Ethikertheoretiker“. Da hält das Leben selbst Antworten bereit. Das Wort haben müssten - wie gesagt - die Praktikerinnen, die Frauen, die in anderer Weise als die gelehrt daher kommenden Herren Auskunft darüber geben könnten, wo und wie in dieser Gesellschaft der Kurs ethisch neu abgesteckt werden muss - nicht unter schädlicher Blickverengung auf modische „Lebenswissenschaft“, sondern via Rundumblick auf die gesamte Lebensrealtität.

Auf diese Weise könnten Moralisches und Ethisches vom hohen Thron mannakademischer Betrachtung und Analyse heruntergeholt werden - auf den Boden der Lebenstatsachen, die entscheidend sind für human gesicherte Lebensführung der Menschen. Da würde es dann weniger darum gehen, haarspalterisch zu erörtern, wo zellmässig der Mensch und Menschliches anfangen als darüber zu debattieren, wie es denn passieren kann, dass zu wenig Kinder zur Welt kommen und was sich ändern müsste, damit die damit einhergehende schwere Humankrise eingedämmt wird. Und das hiesse auch nebenbei: Erkenntnis des irren Gags, der ja doch darin besteht, dass eine Gesellschaft der unterzähligen Embryonen - denn um eine solche handelt es sich ja bei einer geburtendefizitären - sich den Kopf zerbricht über die überzähligen. Jene im Zuge von „Reproduktionsmedizin" angefallenen oft beredeten „überzähligen" Embryonen im Tiefgefrierstatus, an denen nach dem Auftauen Zellforschende gern ihre Künste in gewinnbringender Weise ausprobieren möchten.

Allmählich gerät angesichts theoretisierender Diskussionen über Humanurzellmaterial und dessen frühe Entwicklungsstadien noch aus dem Blick, dass es hier ja doch um Phasen von Menschwerdung geht, um letztendlich Respektheischendes, das kosmischen Geheimnissen entstammt. Dass diverse fortschrittliche Wissenschaftler für letztere Wortwahl nur ein müdes Lächeln übrig haben mögen, besagt gar nichts. Für sie gibt es, so sieht es aus, gar keine Geheimnisse, sondern höchstens solche, die noch nicht entschlüsselt sind. Der Eindruck entsteht jedenfalls, dass diese Gesellschaft gewissermassen die falschen Schlachten zum falschen Zeitpunkt schlägt.

Sie streitet - unter männlicher Regie - über Stammzellen, während die schlimme demographische Situation ihr ganz andere bohrende Fragen stellt, und zwar solche nach ihrer Humanverfassung. Bei der Gelegenheit fällt einem ein: Bei solcher Verirrung braucht es gar keinen Feind von aussen, der unter Umständen darauf aus wäre, den Lebensnerv des Gemeinwesens zu schädigen, der wirkt nämlich schon in ihrem Inneren in Form einer Art geistiger Selbstdemontage.

Apropos Verirrung: Die Europäische Union -historisch bekanntlich wirtschaftsverwurzelt im „Gemeinsamen Markt" - bemisst übrigens den sogenannten „Innovationsgrad" einer Gesellschaft nach der Anzahl der Forscher, die ihr angehören. Das ist eine Masseinheit, die ökonomistischer Sichtweise entspringt. Sie ist allerdings typisch für die modische Überzeugung vor allem der Regimenter der männlichen „Macher", es gehe nur voran, wenn ununterbrochen weitergeforscht und wissenschaftsmässig weitergewirkt werde. Derlei Männervolk käme natürlich nie auf den Gedanken, dass „Innovation" angesichts verheerender demographischer Trends in Europa anderswo nottäte, nämlich in den privaten stillen Gefilden des Lebens, da, wo es auch per Geburt sich erneuert.

Den Masseinheiten der EU fehlt einfach der Rückbezug zum gesellschaftlichen Ganzen. „Mutter Natur" - dabei lässt sich spezifisch an ihre Töchter denken, die schliesslich „Austrägerinnen" der Menschenkinder sind - erteilt allerdings gerade all den „innovativen" männlichen Stammzell-, Gen-und Klon-Experimentierern eine knallharte Lehre. Dies, indem sie nicht fruchtbar sein lässt, was fruchtbar sein müsste. Letztere merken das freilich nicht, genausowenig wie diese Pointe von „Mutter Natur" den Männerkommentatoren verschiedener akademischer Fachrichtung auffällt, die vielerlei sprachlich Hochgestochenes über die Experimentierer verbreiten.

Kapitel elf

Kulturrevolution aus dem Bauch heraus

Eine Bevölkerung, die sich nicht mehr bestandserhaltend fortpflanzt, schrumpft, altert, vom Aussterben bedroht ist - das bedeutet eine Kulturrevolution neuen Stils. Eine Revolution im Zeitlupentempo, die Leben und Gesellschaft verändert und das Gesetz des Handelns denen raubt, die es als „Zukunftsgestalter" in ihrem Besitz wähnen. Stattdessen geht es über auf die, die wenig zu sagen haben, gerade was diese Gestaltung angeht. Denn es ist ganz einfach: Per Gebärverweigerung nimmt das Volk, besonders natürlich das in seiner weiblichen und damit mutterfähigen Ausformung, dieses Gesetz sozusagen selbst in die Hand. Es opponiert auf diesem Wege gegen die Diktatur der Lehren aus den Rezeptbüchern seitens derer, die das Heil ganz überwiegend in „marktkonformer" technisch-wissenschaftlicher „Fitness" sehen. Wobei sie - um das nebenbei zu sagen - ohne weiteres in Kauf nehmen, dass da ab und an Fitness-Läufe in die verkehrte Richtung unternommen werden. Da braucht man nur an Börsenpleiten des „Neuen Marktes" zu denken, die nicht zuletzt zu tun hatten mit lebensfremder massloser Überschätzung der Bedeutsamkeit neuer Techniken.

Diese Kulturrevolution, diese Revolution „aus dem Bauch heraus" - so könnte man sie im wahrsten Sinn des Wortes nennen - berührt die Grundlagen dessen, was man „westliche Zivilisation" nennt und sie berührt in der Tiefe das, was an geistiger und religiöser Tradition unter dem geschichtsträchtigem Oberbegriff „Abendland" aufgehäuft ist. Das Bemühen um islamischen Unterricht an Schulen, um die Errichtung von Lehrstühlen für Islamwissenschaft an Universitäten, der Bau von Moscheen, die Inszenierung sogenannter „Dialoge" zwischen Vertretern des Christentums und solchen des Islam - all dieses zeigt die Richtung weitreichender Veränderungen an, denen sich Deutschland - und Europa - ausgegsetzt sehen. Durch die negative Bevölkerungsentwicklung begünstigte Einwanderung aus Ländern islamischer Kulturkreise bedeutet nichts anderes als dies: Nunmehr wird die Fahne des Propheten mit friedlichen Mitteln im Abendland aufgepflanzt.

Die christlichen Kirchen, denen seitens des Volkes vielfach der Modergeruch der Gleichgültigkeit entgegenweht, nicht zuletzt weil sie auf ausgetretenen Pfaden tradierter Glaubensverkündigung einherwandeln, verfügen da über keinerlei geistige Abwehrstrategien. Sich im „Dialog" mit Muslimen darüber verständigen, dass man im Glauben „an den einen Gott" einander friedlich gesonnen sei, kann über den Mangel an Strahlkraft des Christlichen nicht hinwegtäuschen. Es versteht sich ausserdem von selbst, dass solche Kirchen, die bereits das angestammte Volk mit Sonnenstrahlen des biblischen Evangeliums immer weniger zu wärmen vermögen, zuwandernde Andersgläubige schwerlich in missionarischer Weise in ihren Bann zu schlagen vermögen.

Dass der Staat wie in Deutschland diese christlichen Kirchen in ihrer institutionalisierten Form als Körperschaften des öffentlichen Rechts als gewichtige Partner immer noch hätschelt, in ihrem Auftrag etwa „Kirchensteuer“ einzieht, verdeckt höchstens deren offenkundig fortschreitenden Verfall. Insonderheit die katholische Amtskirche - gefangen in ihrem selbstkonstruierten Käfig angemasster Männermacht - hat sich betreffs der entscheidenden Dinge selber zur Sprachlosigkeit verdammt. Nichts, aber auch gar nichts hat sie beizutragen zur Lösung der brennenden Probleme, die das sogeannnte Abendland per Geburtendesaster und humanzerstörerischer Begleiteffekte letztlich in den Ruin zu treiben drohen. Mit leeren Händen stehen sie da - die Kardinäle, Bischöfe und Priester, die dogmatisch festgezurrt sind in der über die Jahrhunderte tradierten Wahnvorstellung, Christus, der „Erlöser“, der gottgesandte Bruder der Schwachen und Ohnmächtigen, privilegiere das männliche Geschlecht, habe es ausschliesslich ihm übertragen, amtsoffiziell von ihm zu künden und demgemäss an den wichtigen Schnittstellen von Kirche und Welt Posten zu beziehen.

Geschlechterdiskriminierung aufzuheben und damit bedingungslos humanverpflichtet christliche Souveränität zu demonstrieren - das wäre jetzt und künftig, da sich der Islam anschickt, in welcher religiösen Spielart auch immer, „Morgenländisches" in „Abendländisches" zu tansferieren, eine gute schöne Zielmarke. Sie würde wunderbar passen zur göttlichen Evangeliumsbotschaft von allumfassendem „Erlöstsein", also auch letztendlich Erlöstsein von den Nöten fortgesetzt angestrengter Niederhaltung des Weiblichen. Wohltuende Unterschiede zum Islam hinsichtlich diverser Niedrigstufung des Weiblichem könnten so sichtbar gemacht werden.

Aber dies bleibt sicher eitles Hoffen. Schliesslich neigt die klerikale Herrenriege im Vatikan eher dazu, bei internationalen Konferenzen (Weltbevölkerungskonferenz, Weltfrauenkonferenz zum Beispiel) mit fundamentalistisch und damit frauenunfreundlich orientierten Mannführern anderer Religionen zu kooperieren. Auch wenn der Geburtenschwund in Europa diese Klerikalen, die sich im Kielwasser weltlicher Männermacht bewegen, nach und nach Geländeeinbussen erleiden lässt, weil er die Zahl ihrer Glaubensanhänger verkleinert, lautet ihre Devise augenscheinlich: „Alles lassen wie es ist." Phantasielos verharren sie in maskulin geformt Dogmatischem, während die Zukunft -bedingt durch die demographische Entwicklung und den daraus resultierenden Zuwanderungsdruck - starke Chancen für die Ausbreitung der Lehren des Koran bereithält.

Dabei ist es doch wirklich ein historischer Clou, wenn das, was dereinst den Türken vor Wien nicht glückte - nämlich weiteres Vordringen auf dem Alten Kontinent mit dem Koran im Sattelgepäck - künftig gelingt, und zwar auf dem Umweg über die vom Papst und seinen Getreuen so herabgestuften Frauen! Diese Frauen, die nicht genügend schwanger werden, um Nachschub zu liefern für die römisch-katholische Kirche, der das langweilige Männerregiment sowieso schon so viel an Vitalität geraubt hat.

Die Rache der Frauen! In solch subtiler Weise vermag sie sich also Bahn zu brechen gegenüber dem zölibatären Klerikervolk, das sich gottnäher wähnt, wenn es natürliches Zusammensein mit Frauen meidet. Etwas Angst und Bange ist es selbigem aber doch schon geworden Wie anders könnte sonst ein italienischer Erzbischof, also einer aus dem Land, das ganz besonders unter Geburtenmangel leidet, davor warnen, allzu vielen muslimischen Einwanderern die Tore „Bella Italias“ zu öffnen. Man solle - so lautete bereits vor längerer Zeit seine Empfehlung - lieber christlichen Polen oder zum Beispiel Christenmenschen von den Philippinen den Zugang ermöglichen. Einige Hoffnungen scheinen sich in diesem Zusammenhang dem Vernehmen nach auch auf Länder Lateinamerikas zu richten. Man würde christlich orientierten Zuzug von dort begrüssen. Aber nichts ändert all das an der Gesamtdiagnose, die unter dem Aspekt der Bevölkerungsentwicklung zu dem Resümee führen muss: Die Zeit arbeitet für die Jünger Allahs.

Was die demographischen Daten angeht, die also auch die Position der christlichen Kirchen beeinflussen, so wirkt es hilflos, wenn da - insbesondere von katholischer Seite - stereotyp „Werte von Ehe und Familie“ beschworen werden. Jetzt, wo sozusagen beim Kampf gegen die Humankrise die Parole von den Frauen ausgegeben werden müsste, wo ihre „Geschlechtskompetenz“ Ausdrucksfähigkeit verlangte, zumal in Räumen des Kirchlichen, bleiben die Bilder dieselben: Katholische Bischofskonferenzen tagen selbstverständlich in Form der Hundertprozent-Männerquote - auf diese Weise die absolute Vorrangstellung des Maskulinen, noch dazu per Zölibat sich dezidiert von Weiblichem Fernhaltenden- betonend. Dies Ganze funktioniert zumindest in Deutschland besonders gut mit einer Art Trick. Die geistlichen Herren können sich angenehm verschanzen hinter den Wallgräben der Vorrechte, die der Staat der Institution Kirche einräumt. Obwohl gemäss Paragraph drei Grundgesetz dieser demokratische Staat sich verpflichtet, die „Gleichberechtigung“ der weiblichen Bürger aktiv zu fördern, können jene Herren aus dem Theologischen weiter unbehelligt Mannexklusivität pflegen.

Solches aber, solches Relikt letztlich aus Zeiten, da ganz selbstverständlich weltliche Männermacht mit geistlicher Männermacht sich mengte, macht um ihre Rechte in der Amtskirche ringende katholische Frauen zu Bittstellerinnen, die kaum irgendetwas bewirken können. Es ist schon zu Herzen gehend, wie da sogenannte „Lila Stola"-Frauen, die sich zum Zeichen ihrer Weiheamtsbefähigung lilafarbene breite Schals umhängen, still protestierend vor Bauten sich einfinden, durch deren Tore die Bischofsmännerschar strömt, um dort im „Heiligen Geist" sich zu versammeln. Dasselbe gilt für die fast verzweifelt anmutenden Versuche von Katholikinnen, auf dem Wege über ein „Netzwerk Diakonat der Frau" zumindest die männliche Alleinherrschaft in der Sparte „Diakon" abzulösen. Dass sie in so eine Rolle gedrängt werden, wo sie in einer für sie nahezu entwürdigenden Weise kämpfen müssen um weibliche Rechte - das verdanken sie wesentlich dem Staat, der es sich gemütlich eingerichtet hat in der Position des „sich aus Innerkirchlichem heraushaltend".

Was schert ihn da offenbar der Geist des Grundgesetzes mit seiner Absage an Geschlechtsdiskriminierung! Und so hat denn auch der „Heilige Vater" in Rom, der im eventuellen Wirken von weiblichen Diakonen, Priestern oder Bischöfen so etwas wie Teufelswerk erblickt, vom deutschen Staat keine Querschläger zu befürchten. Dieser Vatikan - diese religionsverankerte Männermachtinstitution, die sich Machtinsignien aus dem Bereich des weltlich Staatsorganisatorischen ausgeliehen hat - geniesst auf internationaler Szene allgemeine Achtung. Da tut es denn auch offenkundig gar nichts weiter zur

Sache, dass die geistlichen Herren im Zuge unsäglicher Verballhornung des Christlichen als Beförderer von Menschenfeindlichkeit auftreten, indem sie etwa trotz Aids-Katastrophen den Gebrauch von Kondomen verdammen. Der Abglanz des Göttlichen in Verbindung mit eben jenen Machtinsignien genügt augenscheinlich, um den Status prinzipieller Unangreifbarkeit zu wahren.

Und so kommt es denn auch auf diese Weise, dass innerkirchliche Oppositionsbewegungen a` la „Kirche von unten" bzw. „Wir sind Kirche", die beispielsweise vehement für die Rechte der Frauen im Raum religiöser Verkündigung streiten, keinen Durchbruch erzielen. Was wiederum Staat und Gesellschaft schädigt gerade in einer Phase, in der alles darauf ankäme, anstelle von „Mannpower" spezifisch „Frauenpower" in ihren natürlichen Bezügen zu alltagspraktischer Menschlichkeit mit einer lauten Stimme auszustatten. Im Grunde ist es ein gewaltiger Skandal, dass da ein demokratischer Staat, der laut Verfassung die Gleichberechtigung von Frauen fördern will, mit Hochachtung ein sogenanntes „Sozialwort" der Kirchen quittiert, von denen die eine - eben die römisch-katholische - dabei zu Hundertprozent amtsmässig maskulin strukturiert ist.

Aber es wird noch ärger kommen. Der demokratische Staat sitzt -prinzipiell betrachtet - mit seiner traditionsbedingten juristisch institutionalisierten Achtung vor Kirchlichem in einer selbstgebauten Falle.

In dem Masse, in dem in der Zukunft islamische Einflüsse wachsen und also Muslime Ansprüche an diesen Staat stellen, in dem Masse wird er sich unter Druck sehen, selbigen ähnliche Rechte einzuräumen wie den Vertretern christlicher Lehre. Damit - so kann man sich ausrechnen - gewinnt dann der Skandal neue Dimensionen. Denn wie allgemein bekannt, passt muslimisches Religionsverständnis im Blick auf Geschlechterrollen erst recht nicht sonderlich zu dem Gleichberechtigungsartikel des deutschen Grundgesetzes.

Anzunehmen ist aber, dass der Staat, sich bergend hinter dem geistigen Paravent von „Freiheit der Religionsausübung“, von „Toleranz gegenüber Andersdenkenden“, von „Respekt vor kulturellen Traditionen“ oder von „einfühlsamer Integration von Zuwanderern“ diesen Artikel beiseiteschiebt. Nebenbei: Auf internationalen UNO-Konferenzen ist es ja bei diversen Mannrepräsentanten beliebt, in Sachen Frauenrechte abzuwiegeln , indem man scheinheilig die Beachtung von „kulturell Überliefertem“ anmahnt. Auf jeden Fall steht zu erwarten, dass nach Europa vordringender Islam mit der Zeit Frauen wieder so Manches von dem nehmen wird, was sie sich unter der Devise „Gleichberechtigung“ nach und nach erobert haben.

Wie mag sich im übrigen die sich herausbildende Konkurrenz zwischen Christentum und Islam in Europa generell auswirken? Man kann sich durchaus vorstellen, dass westlicher Dieseitskult, der sich zum Beispiel in masslos übertriebenem Respekt vor Wissenschaft und Wissenschaftlichem spiegelt, auf Dauer eine andere Sehnsucht wachsen lässt: Eine nach Geborgenheit in kosmisch Spirituellem , das nicht verfügbar ist für Verstandeskräfte wie sie sich etwa austoben in den Revieren ständiger Jagd nach technischem Fortschritt. Offen bleibt, inwieweit Christliches und Islamisches dieser Sehnsucht Tore öffnen. Ersteres - auch demographiebedingt - in Rückzugsposition und Letzteres - unter anderem demographiebedingt - auf Eroberungskurs.

Kapitel zwölf

Moscheen statt Kirchen: Was wird aus Europa?

Ununterbrochen wird weitergewerkelt auf der Baustelle Europa. Die Bauingenieure in Brüssel und das für die Europäische Union zuständige ministeriale Arbeitsvolk in den Hauptstädten der Mitgliedsländer schauen auf Konstruktionspläne für die Erweiterung dieses Staatenverbundes. Zugleich wird nichts unversucht gelassen, um ein übernationales Gehäuse zu schaffen, in dem Bürger und Bürgerinnen auf gemeinschaftlicher Basis in demokratischer Weise ihre Belange zufriedenstellend gewahrt sehen.

Jedoch: Inmitten all der vielfältigen Bauarbeiten und des Baulärms, den sie verursachen - sei es, dass es um die schwierige Entscheidung geht, wie Bauelemente des national Rechtlichen und des EU-Rechtlichen ineinandergefügt oder voneinander abgegrenzt werden sollen, sei es, dass es um die Kernfrage geht, wie der Unionsbau vergrössert und gleichzeitig seine Fundamente verstärkt werden können - bleibt ausser Sicht: Der Kontinent Europa präsentiert sich bei Inblicknahme seiner demographischen Trendlinien als dahinwelkender und nicht etwa als kräftig blühender. Zu niedrige Geburtenraten kennzeichnen das Gesamtbild der Bevölkerungsentwicklung. Die Folge unter anderem: Jugendmangel und überproportionale Anteile an Älteren und Alten mit all den damit einhergehenden gesellschaftlichen Problemen.

Nebenbei: Dass Menschen als solche scheinbar immer älter werden, sprich also die sogenannte Lebenserwartung gestiegen ist und vielleicht noch ansteigt, trägt dazu bei - zum Gemälde von einer Bevölkerungslandschaft, in der es an Ausgewogenheit fehlt zwischen denen, die noch nicht so lange auf der Erde leben und denen, die schon länger auf dem Planeten wandeln. Aber eine Einschränkung ist hier freilich angebracht. Die Wissenschaftler aus dem demographischen Bereich, die prognostizieren, die Lebenszeit werde sich quasi automatisch noch weiter ausdehnen, berücksichtigen dabei wohl eines nicht: Ein absinkender Wohlstandspegel, soziale Sicherungssysteme, die an Stabilität verlieren, insbesondere Gesundheitssysteme, die sich in vielem als nicht mehr finanzierbar erweisen - all dies zusammen könnte gar auch im Gegenteil dazu führen, dass die Lebenserwartung sich mindert.

Wie dem auch sei: Nicht nur die bis zum Überdruss beschworene globale „Wettbewerbsfähigkeit" wird durch das demographische Desaster auf Dauer gefährdet. Letztendlich droht auch die Rolle des Kontinents als modernes Flaggschiff der Demokratie und moderner Bannerträger der Menschen. -und

Freiheitsrechte - auf längere Zeiträume hin gesehen - an Strahlkraft zu verlieren.

So viel ist klar: Ankömmlinge von ausserhalb, die sich diesem bevölkerungsmässig welkenden Kontinent zuwenden und die dieser ja als eine Art Vitalisierungstonikum brauchen wird, hegen in ihren Köpfen und Herzen ja nun nicht unbedingt die Vorstellungen vom Verhältnis zwischen Staat und Religion und Bürgerrechten wie sie einem solchen Flaggschiff und einem solchen Bannerträger entsprechen. Das gilt sicher für diverse Gruppierungen aus islamischen Kulturkreisen. Dadurch wiederum könnte staatliches Streben nach demokratiefreundlicher Integration von Ausländern und Ausländerinnen an Grenzen stossen. Unheilverkündend ist in jedem Fall der von religiösem Fanatismus gespeiste menschenverachtende Terror islamischer Fundamentalisten. Friedliche und friedliebende Muslime und Musliminnen verabscheuen ihn natürlich genauso wie alle anderen Menschen, die Gewalt verurteilen , sie fürchten und davor geschützt sein möchten. Aber abgesehen davon: Drohende Schatten gehen dennoch von Formen geistiger Militanz aus, wie sie bei manchen islamischen Vereinigungen in Deutschland und Europa anzutreffen sind. Im Zuge von Zuwanderung könnten diese Schatten länger werden.

Müssig mag es heute noch sein, sich tiefgründige Gedanken zu machen über mögliche Schäden an den Bauwerken westlicher Demokratie infolge demographischer Verwerfungen. Vieles bleibt da vorerst Spekulation. Aber wer den Blick in die Zukunft richtet und Zuwanderungsszenarien sich vorstellt samt ihrem gesellschaftlichen Veränderungsdruck, verbunden mit Umwälzungen auf Ebenen des Religiös-Kulturellen, der erkennt rasch: Das europäische Einigungswerk kann davon nicht unberührt bleiben. Dies zumal, wenn sich mit der Zeit mancherlei sozialer Sprengstoff anhäuft. Sprengstoff, der entstehen kann aus Wohlstandseinbussen für die angestammte Bevölkerung und deren gleichzeitigem Zwang, sich mit Ausländern zu arrangieren, die zuströmen aus Welten, geprägt von anderen Traditionen als denen des sogenannten „Abendländischen" - was immer man unter diesem Begriff verstehen mag.

Generell gilt: Die Zukunft wird dem an Geburtenschwund und „Alterung" leidenden Europa sicher einen Kulturcocktail bescheren. Einen, in dem sich Angestammtes - sei es nun geistige und religiöse Überlieferung, Staatsauffassung oder Menschenbild nicht zuletzt im Blick auf die: Geschlechterrollen - immer mehr mischt mit „Zutaten" von aussen. Eine interessante Frage lautet , wie sich der Cocktail auswirken wird auf eine Zivilisation, in der die natürliche Humanreproduktion stockt, von bestandserhaltenden Dimensionen abweicht. Und zwar aufgrund von Lebensbedingungen, die das Gebären und Aufziehen von Kindern behindern beziehungsweise erschweren.

Bekanntlich ist in Deutschland bei aus dem Ausland Zugezogenen im Schnitt eine höhere Geburtenrate zu verzeichnen als bei den angestammten Bewohnern Nach bisheriger Beobachtung neigen Erstere allerdings dazu, nach einiger Zeit ihr „Reproduktionsverhalten" den Einheimischen anzupassen. Dennoch ist es grundsätzlich vorstellbar, dass künftig in grösserem Umfang Zuwandernde mit einem stärker an Kindern orientierten Familienverständnis sozusagen zu einer geburtenfreundlicheren Atmosphäre beitragen.

Apropos Geburtenatmosphärisches: Es gibt ja Bevölkerungswissenschaftler wie etwa den renommierten deutschen Demographen Herwig Birg, die auch schon die These vertreten haben, die Menschen würden vielleicht wieder mehr Kinder in die Welt setzen, wenn sie sich zum Beispiel wegen nicht mehr funktionierender Rentensysteme von Altersarmut heimgesucht sähen. Dann nämlich - so die These - bliebe ihnen nichts anderes übrig als längerfristig wieder auf ihren eigenen Nachwuchs und dessen Hilfsbereitschaft, sprich wie dereinst also auf blutsverwandtschaftliche Solidarität zu setzen. Freilich: Noch mag man sich heute eine solche Situation gar nicht ausmalen, in der am Ende ausgerechnet materielle Notsituationen die Realisierung von Kinderwünschen beflügeln würden.

An dieser Stelle in historischer Perspektive einige aufschlussreiche Zahlen zum Bevölkerungsbild: Nach Angaben des Europarats in Strassburg lebten zu Beginn des dritten Jahrtausends nach Christus - im Jahre 2000 - rund dreizehn Prozent der Weltbevölkerung in Europa. Ein halbes Jahrhundert zuvor - im Jahre 1950 - waren es noch 22 Prozent. Hundert Jahre später -also 2050- werden es entsprechenden Prognosen zufolge nur noch sieben Prozent sein. Diese Zahlen sprechen eine deutliche Sprache. Es dürfte allgemein einleuchten, dass eine solche demographische Gewichteverteilung Auswirkungen auf die Position des „Alten Kontinents“ im Weltgefüge hat. Wobei allein dies Zahlenverhältnis zu wenig aussagt. Entscheidend ist auch der Bevölkerungsaufbau unter dem Altersaspekt. Und da sieht es - wie gesagt - für Europa trübe aus.

Aber das ist freilich kein Thema für EU-Gipfelkonferenzen - und dieser zukunftsbeeinflussende Sachverhalt spielt im allgemeinen auch keine Rolle in Artikeln von Politikexperten, in denen diese ihre Ansichten über die EU und ihre künftige Architektur ausbreiten. Das hängt zusammen mit der Unfähigkeit, im Sinne eines Ganzheitsdenkens tiefer zu blicken in Humanquellgründe des Gesellschaftlichen - wobei freilich auch pure Nichtkenntnis hinsichtlich demographischer Probleme eine Rolle spielt.

Wortreich wird zwar dann und wann bei Konferenzen und in Dokumenten von Europäischer Union und Europarat der zentrale Wert der Familie herausgestrichen und es wird eine konstruktive Familienpolitik angemahnt. Wobei „Familie" als schwammiger Begriff, gleichsam als Sprachchiffre ohne Durchleuchtung von Einzelheiten Anwendung findet.

Solches Baden im Begriffsschwammigen kann natürlich nie in die Formulierung der Erkenntnis einmünden, die - begeben wir uns ein wenig nach Utopia - etwa lauten müsste. „Wir Europäerinnen und Europäer wissen, wie wichtig es für uns ist, alles zu tun, um unsere reproduktiven Rechte zu wahren. Daher verpflichten wir uns, Frauen und Männer, auch das Verhältnis der Geschlechter zu überprüfen vor dem Hintergrund dessen, was es für familiärbasierte Humanstrukturen und die Humanität bedeutet. Wir sind daher unter anderem auch bereit, einzutreten in einen Prozess des Nachdenkens darüber, inwieweit unbezahlte Arbeit im privat Häuslichen, also gemeinhin Familiären, überhaupt Voraussetzung für bezahlte Arbeit im erwerbsausgerichtet Beruflichen bildet. Wir wissen, dass davon unser bisheriges Verständnis von Ökonomie und dem, was ökonomisch ist, nicht unberührt bleibt. Jedoch wollen wir alles daran setzen, um beizutragen zu einem geburten-und damit menschenfreundlichen sozialen Klima. Wir sind dabei dessen eingedenk, dass Europas Sicherheit und Weltstellunng nicht zuletzt auch davon beeinflusst wird."

So ein europäisches Denkszenarium gibt es nicht. Die Staaten suchen auf eigene Faust im nationalen Rahmen Wege in demographische Sackgassen zu vermeiden , so weit das irgendwie möglich scheint. Ihr Handlungssspielraum wird schrumpfen, je stärker im Laufe der Jahre, der Jahrzehnte der Sog der demographischen Veränderungen sich auswirkt, in den die Gesellschaft gerät. Bislang zeichnet sich kein -sagen wir einmal „Plan X“- ab, der übernationalgemeinschaftliche Abwehrstrategien im Hinblick auf die generell negative je nach Land mehr oder weniger dramatisch verlaufende Bevölkerungsentwicklung skizzierte.

Es sieht eher ganz danach aus, als würde die Dramatik des Demographischen in Europa dezidiert nationale Mechanismen des Handelns in Gang setzen. Das kann man deutlich ablesen zum Beispiel an einem Urteil des Bundesverfassungsgerichts in Karlsruhe, das im Kern vorschreibt, Leuten mit Kindern - im Gegensatz zu denen ohne Kinder - bei der sogenannten „Pflegeversicherung“ eine Beitragsminderung einzuräumen. Abgesehen vom schweren Menschlichkeitsdefizit, das jenem Bürokratenmachwerk anhaftet (Es folgt noch ein eigenes Kapitel dazu): Die juristischen Autoren des Urteils folgen Pfaden einer eigenartigen Logik. Sie zielt darauf, Paare ohne Nachwuchs auf die Anklagebank zu setzen. Selbige sollen offenbar pauschal schuldig gesprochen werden wegen Nichterfüllung des sogenannten Generationenvertrages mit seinen Alt-Jung-

Solidarprinzipien. Jenes längst entwerteten Vertrages, der ganz selbstverständlich voraussetzt, dass genügend Kinder geboren werden.

Es ist ja nun aber einsehbar, dass es keinen Reproduktionszwang geben kann. Das zumal in einer Gesellschaft und in einem Staat, in dem eine alldominante Berufsarbeitswelt Menschen der Menschlichkeit beraubt, indem sie ihnen das Kindergebären und sozusagen die Wohnlichmachung der Nester des Privat-Familiären massiv erschwert. Daher kann es keine „Haftungsansprüche" geben gegenüber Kinderlosen, gewissermassen also Regressansprüche von solchen mit Kindern gegen solche ohne Kinder beziehungsweise etwa solche mit zwei oder drei Kindern gegen solche mit einem Kind e. t. c.. Und die Richter scheinen zu vergessen, dass Kinder beileibe nun nicht nur eine materielle Belastung darstellen - am Ende gar vergleichbar mit der Entrichtung des Preises für das Funktionieren sozialer Sicherungssysteme. Kinder vermitteln zum Beispiel Geborgenheit in einem Humanraum, den Kinderlose -zumal wenn sie alt und schwach werden - in der Regel schmerzlich vermissen.

Um die Dinge plastisch zu machen: Die Kinder von Herrn und Frau Gruber werden nicht für die kinderlose Frau Vorfelder da sein, wenn sie sich in irgendeinem tristen Pflegeheim nach Besuch sehnt und sich wünscht, es würde sich jemand einfühlsam ihrer persönlichen Dinge annehmen. Nicht, dass

Grubers in solcher Situation in jedem Fall auf Sohn oder Tochter zählen könnten - aber sie haben die reelle Chance, familienbasiert einen gewissen Beistand zu erhalten. Oder wenden wir den Blick in eine andere Richtung: Herr Obermaier, gut verdienend, leistet sich eine Ehefrau in der noch nicht ganz aus der Mode gekommenen Rolle als Familienmutter und Hausfrau. Also eine, die bei ihm für private Behaglichkeit sorgt, indem sie sich um die lieben Kleinen kümmert und damit auch um seine häuslichen Bedürfnisse, ihm so den Rücken freihaltend für eine flotte Berufskarriere.

Wieso sollen Herr Jung und Frau Kornetzki - ein berufstätiges Paar ohne Kinder, das mit Sozialbeiträgen kräftig hineinbuttert in Versicherungssysteme - das schöne Familienleben von Herrn Obermaier dadurch stützen, dass sie mehr bezahlen für diese sogenannte „Pflegeversicherung"? Nun, an Feinheiten der Betrachtung mangelt es eben offenkundig in einem Staat, der verspätet merkt, dass ihm die Kinder fehlen. Weitere juristische Panikreaktionen scheinen möglich. Kinderlose jedenfalls sozial ächten zu wollen, ohne den Ursachen für den Reproduktionsmangel auf den Grund zu gehen - das ist nachgerade lächerlich.

Im übrigen - wenn man es genau bedenkt - müssten die Diener und Dienerinnen Justitias, die auf einmal quasi Bevölkerungspolitik zu machen suchen, obwohl niemand sie dazu ermächtigt hat, ganz andere Delinquenten ins Visier nehmen: Beispielsweise die Bosse, die keinen Gedanken daran verschwenden, dass die Herren und Damen Arbeitnehmer ein Privatleben haben, das mit Tätigkeit und Einsatz verbunden ist und sie erst instandsetzt für Leistungen im „Job“. Ihnen könnten die Richter die Leviten lesen, sie der Demontage des Familiären bezichtigen, ihnen Schuld geben daran, dass die Menschen „generationenvertragsbrüchig“ geworden sind. Schliesslich sind sie, die Bosse, es wesentlich, denen indirekt die Kinderarmut zu verdanken ist und damit das Absterben von Kräften des Menschlichen überhaupt.

Nein, das vermeintlich wärmende Feuer des Juristischen zu entfachen und im übrigen das Leben seinen ökonomistisch-kapitalistischen Gang gehen zu lassen - das taugt nicht. Woran es in Deutschland und Europa fehlt, das ist sozusagen zukunftsfähige Humanpolitik. Aber anderes steht bei der Europäischen Union an führender Stelle auf der Agenda. Und zwar zum Beispiel „Biopolitik“ und deren wirtschaftliche Dimension. So als wäre im Bereich der Lebenswurzelwerke alles wie eh und je -sprich, als folgten die Menschen ganz selbstverständlich wie eh und je der biblisch-urzeitlichen Aufforderung „Seid fruchtbar und mehret Euch“, so werden da kühl Veränderungsmöglichkeiten der Natur durchdekliniert, während diese -gemessen am Geburtennotstand - auf Humanebene dahinsiecht Wo bleibt da das „Europa der Werte“, und zwar der wahren, wie sie in natürlicher Menschlichkeit gründen und nicht der biopolitisch-lebenswissenschaftlich gedachten Werte, die viel mit dem Wert zu tun haben, der daraus in gewinnträchtiger Form für diverse Firmen und Konzerne erwächst?

Für Europa lautet die Geburtenrate im statistischen Durchschnitt zu Beginn des dritten Jahrtausends 1, 4. (Pro Frau im gebärfähigen Alter gerechnet). Um das sogenannte Reproduktionsniveau (ist gleich zwei Kinder pro zwei Elternteile) zu sichern, müsste die Durchschnittszahl - wie bereits erwähnt - 2, 1 betragen. Das Nullkommaeins kommt ins Spiel, weil Demographen normalerweise auch das Risiko von Säuglings-bzw. Kindersterblichkeit mit einkalkulieren. Der Geburtenmangel wird alles in allem tiefe Spuren hinterlassen bei den europäischen Staaten und Gesellschaften Zweifellos wird im Zuge von Zuwanderung eine Art „Multikultikontinent" entstehen. Und zwar einer, auf dem ganz allmählich die Minarette von Moscheen sich mehren werden und die Zahl der Kirchtürme sich mindern wird. „Multikulti" - das kann man ins Positive gewendet durchaus auch als eine grosse Chance begreifen, Raum für Menschlichkeit zurückzugewinnen, der auf dem „Alten Kontinent" zivilisatorisch verlorengegangen ist.

Kapitel dreizehn

Humanbankrott via „Pflegeversicherung“

Es klingt gut, es hört sich nach Sicherheit im beschwerlichen Alter an, nach verbriefter Hilfestellung für den Fall, dass man allein nicht mehr zurechtkommt. Und doch ist alles Illusionstheater eines sogenannten Sozialstaates, der lediglich vorgibt, in seinem Leistungskatalog auch echten Beistand bereitzuhalten für Zeiten von Gebrechlichkeit am „Lebensabend“. Die Rede ist vom Bürokratenmachwerk namens „Pflegeversicherung“. Dieses Paragraphengebilde entstand mit der Absicht, die Kostenlawine aufzuhalten, die man auf die öffentlichen Kassen zurollen sah vor allem angesichts einer wachsenden Anzahl nicht mehr in Familienverbänden beheimateter auf Hilfe angewiesener Alter. Deren sogenannte „Heimunterbringung“ drohte unfinanzierbar zu werden. Und so brüteten die entsprechenden „Fachmänner“ den gewohnten Bahnen des Krankenkassendenkens folgend eine Kriterienliste für - wie das heisst - „Pflegebedürftigkeit“ aus, technisch zugeordnet sogenannten „Pflegekassen“.

Entstanden ist dabei ein Regelwerk, das jegliches Einfühlungsvermögen betreffs private Situationen der Bedrängnis und des Leidens alter Hilfebedürftiger vermissen lässt. Die eiskalt-geschäftsmässige Sprache, die gebraucht wird, spiegelt glasklar den Geist von Inhumanität wider. Menschen werden auf bestimmte Körperfunktionen reduziert. Den Spuren eines gleichsam maschinistischen Denkens folgend sollen danach Defekte beim Funktionieren des Körpers erfasst werden, und zwar so, dass sie verwaltungstechnisch und abrechnungssystematisch handhabbar sind. Dabei wird so getan, als handele es sich um sachlich-fachlich objektiv zu Messendes.

Demgemäss wurde ein Minutenkatalog erstellt, der menschlichkeitsfern starr festlegt, wie in extrem kurzen Zeitspannen, im Eiltempo also, Versorgungsarbeit zu leisten ist. Also etwa: Wenige Minuten für Waschen und Anziehen, wenige Minuten für Nahrungszuführung, wenige Minuten für Blasen-und Darmentleerung und so fort. Dabei entblöden sich die Erfinder der Stoppuhr-Versorgung nicht, hochtrabend von „Pflegequalität“ als Zielsetzung zu reden. Und - wen wundert dies in Zeiten, da das „Wissenschaftliche“ allerhöchtes allgemein zu verehrendes Gut geworden ist: Es hat sich auch gleich eine „Pflegewissenschaft“ etabliert. Dazu passt hinwiederum das ökonomistisch orientierte Reden vom sogenannten „Pflegemarkt“.

Der Mensch unterzieht sich auf diese Weise gewissermassen selbst einer Gehirnwäsche: Leiden im Alter werden ausgeblendet, sind sozusagen Tabu, gibt es nun doch ein Regularium, an das man sich halten kann - und zwar auch in einer von fortschreitendem Verfall bestimmten Lebenslage mit Aussicht auf den Tod. Die „Verrichtungsanweisungen" der Versicherung beinhalten - wie es der medizinmechanistischen Logik entspricht - keinerlei menschliche Tröstungen und dementsprechend zum Beispiel auch keine „Sterbebegleitung". Zu dieser Inhumanisierung, dieser - man kann sagen - gesetzlich institutionalisierten Missachtung der personalen Würde alter Menschen passt die Bürokratenbrutalosprache, derer sich etwa die Angestellten aus der Verwaltung der „Pflegekassen" bedienen.

Dies gilt beispielsweise für die Korrespondenz mit Angehörigen von alten Bürgern, die Ansprüche in Sachen „Pflege" geltend zu machen bestrebt sind. Da hagelt es nur so von in eiskaltem Ton vorgetragenen „Belehrungen". Niemand hat übrigens bisher öffentlich angeprangert, dass da auch von vornherein gegen das Gebot des Schutzes persönlicher Daten verstossen wird. Das insofern, als sich Angehörige gehalten sehen, dem Kassenpersonal gegenüber zu Beginn des „Prüfverfahrens" umfangreich urpersönliche Lebensumstände zu schildern, um zu belegen, dass etwa die zittrige Mutter oder der gebrechliche Vater Dienstleistungen benötigt. Jedenfalls werden Menschen in entwürdigender Weise in die Rolle von Bittstellern gedrängt.

Man muss sich - ein Beispiel - einmal vorstellen: Eine Tochter ist in grosser Sorge um ihre alte Mutter, die - schon länger an Gleichgewichsstörungen leidend und daher sich in der Wohnung mühsam an den Möbeln entlanghangelnd - nach einer schweren Darmstörung sehr schwach geworden ist , zunehmend an Gewicht verliert. Diese bereits nervlich sehr belastete Tochter, die natürlich schon Ängste plagen bezüglich bevorstehender Leidensphasen ihrer Mutter und die mit Furcht an das Elend denkt, das mit Siechtum und Sterben verbunden sein mag - diese Tochter sieht sich in einen Briefkrieg mit einer Krankenversicherung verwickelt, die im Pflegekassenbereich offensichtlich Ausgaben sparen will. Und zwar derart, dass sie gewaltig geizt mit der Herausgabe von Pflegeeinstufungs-Etiketten (Also Nummer römisch I und II und III).

In sehr strenger Sprache werden der Leistungen beantragenden Tochter vom Verwaltungsthron herab schriftlich die minutenzentrierten Pflegeparagraphen erläutert. Sie erfährt beispielsweise, dass „Haarewaschen" nicht vorkommt in den Paragraphen - dies als Antwort auf ihren zuvor getätigten Hinweis, der Mutter fehle unter anderem die Kraft zum Waschen der Haare und Trocknen derselben per Föhn. (Die Tochter war zuvor aufgefordert worden, Sämtliches aus dem Alltag mit seinem Hilfebedarf zu schildern.)

Alles also läuft bereits darauf heraus, von vornherein das Vertrauen darauf zu erschüttern, dass „Pflegeleistungen" überhaupt in Anspruch genommen werden können. Irgendwann im Verlaufe des entnervenden Briefwechsels mit den sich stur stellenden Versicherungsmächtigen fordern selbige die Antragstellerin gar auf, zu „beweisen“, dass wirklich eine „Pflegeeinstufung“ erforderlich sei. Es hört sich an, als ginge es um eine Gerichtsverhandlung, bei der mit Beweisen und Gegenbeweisen gearbeitet wird. Zu dieser Atmosphäre der Einschüchterung passt dann später der in grobem Ton gehaltene Anruf eines Arztes des sogenannten „Medizinischen Dienstes der Krankenkassen“ bei der hochbetagten Mutter wegen eines „Pflegeprüfungstermins“ vor Ort. Der Ton ist so, dass die davon Überraschte, die der Tochter darüber berichtet, zu weinen beginnt. Ganz abgesehen davon, dass der Anruf nicht bei der zittrigen alten Dame selber hätte erfolgen müssen, sondern bei der in der Nähe wohnenden antragstellenden Angehörigen: Die Tochter erlaubt sich, bei der Kasse in schriftlicherr Form Freundlichkeit und etwas Einfühlungsvermögen im sprachlichen Umgang mit hinfälligen alten Menschen anzumahnen. Und sie erreicht, dass nicht der anrufende, sondern ein anderer freundlicherer Mediziner zum sogenannten „Pflegeprüftermin“ bei der Mutter erscheint.

Doch die Kassenbürokraten verweigern die „Einstufung“. Der dafür gesetzlich vorgeschriebene Minuten-Zeitbedarf werde nicht erreicht, führen mit der Arroganz derer, die sich ihrer Macht sicher sind, eben jene Bürokraten aus. Blanke Willkür verbirgt sich hinter angeblich objektiv „Medizingutachterlichem“. Das Jonglieren mit Minuten je nach Laune macht so etwas möglich. Gleichzeitig werden in besagtem Fall zusätzlich zum Pflegeeinstufungs-Ablehnungsbescheid diverse Papiere mitübermittelt, die grobschlächtig-dringlich vom Widerspruch gegen eben diesen Bescheid abraten. Die nervlich gestresste Tochter tut es dennoch - und hört nichts mehr von den Leuten, die das Minuten-Monopoly betreiben. Daraus nun aber folgt in diesem Beispielfall, der Exemplarisches offenbart, eine Tortur für die Betreffenden. Die Hochbetagte nämlich -unter anderem magenkrebskrank - verfällt zusehends, beginnt nach und nach zum Skelett abzumagern, kann jedoch auch nicht etwa in einem Heim angemeldet werden. Letztere nehmen nämlich nur kassenoffiziell „Eingestufte“, also mit „Pflegestempel“ Versehene auf, sprich kassenkostenmässig abrechenbare Alte.

Nach Anfrage der Tochter bei dem für diese sogenannte Pflegeversicherung zuständigen Bundesministerium, ob vor dem Sterben stehende hochbetagte Menschen in Deutschland, denen willkürlich ein Pflegeeinstufungsetikett verweigert wird, einfach elend zugrundegehen müssten, jedenfalls ohne die ihnen per Versicherung zustehenden Hilfeminuten, setzt sich dann das kassenbürokratische Räderwerk in Gang. Die Stufennummer „Eins“ wird zugeteilt., wegen der „Wartezeiten“ ist eine Heimaufnahme jedoch nicht mehr möglich. Der Tod ist schneller.

Was vorher noch im Krankenhaus und danach in einer Einrichtung für sogenannte „Kurzzeitpflege“ sich darbietet an schockierender Gefühllosigkeit gegenüber einem schon vom Sterben gezeichneten sehr alten Menschen, soll hier nicht im einzelnen erwähnt werden.

Nur noch dieses Eine, welches ein grelles Schlaglicht wirft auf eine Gesellschaft, die Humanverrat betreibt an stützungsbedürftigen Alten, indem sie vorgibt, damit verbundene riesige menschliche beziehungsweise soziale Probleme versicherungstechnisch lösen zu können, soll gesagt werden: Beim vorgenannten Exempel hatte die Tochter die Möglichkeit, aus eigener Tasche beizeiten einige sogenannte „ambulante Dienste“ für die Mutter (mit kleiner Rente) zu bezahlen, von denen manche zwar nur ganz miserable Leistungen erbrachten, die aber immerhin für beide in schweren und schwersten Zeiten eine Art Rettungsring bildeten.

Die vielen Alten, um die sich niemand kümmert - und ihre Zahl wird nicht zuletzt aus demographischen Gründen erheblich steigen - werden von einem schlimmen Schicksal bedroht. Wenn sie Hilfe benötigen, ist häufig keine da, sie müssen erst so richtig „kaputtgehen“ und im Krankenhaus landen, auf dass - falls sie denn wirklich ziemlich „funktionsunfähig“ sind - man sich bereitfindet, sie einzureihen in die Reihen derer, die offiziell als „pflegebedürftig“ gelten. Dann geht es in der Regel rasch ab ins Heim, wo für den Rest des zu erwartenden beschwerlichen Lebens „Inhaftierung“ angesagt ist. Anders lässt sich das nämlich kaum benennen.

Die Zustände in den Heimen - auch wenn es Unterschiede gibt - spotten generell jeder Beschreibung, was Ansprüche an individuelle Umsorgung betrifft. Die Atmosphäre ist in erschreckendem Masse niederdrückend, nicht zuletzt, weil irgendwie ein Klima des Psychoterrors herrscht dadurch, dass die Insassen quasi in einem Ghetto zu leben gezwungen sind. In einem Alten-Ghetto, in dem Betreuungspersonal sehr knapp ist und in dem man sich gegenseitig mit all der vielfältigen Gebrechlichkeit, unter der man leidet, auf die Nerven geht.

Die Misere wird noch grösser werden, wenn - wegen des demographischen Trends mit abnehmender Zahl von beruflich aktiven Sozialbeitragsleistenden - diese „Pflegeversicherung“, die sowieso ein Blendwerk darstellt, in finanzielle Engpässe kommt. Schon jetzt ist auf Grund sogenannter Sparzwänge die Rede von eventueller Leistungsminderung. Um dem Sarkasmus eine Chance zu geben: Vielleicht könnten da und dort Hilfeminuten durch Hilfesekunden ersetzt werden! Dann würden ja auch Alte schneller sterben und der Staat wäre auf diese Weise entlastet von einem Finanzproblem. Zurück zum Sachlichen: Die demographische Entwicklung tendiert bekanntlich dahin, Arbeitskräftemangel zu erzeugen. Dann werden mutmasslich immer weniger

Menschen bereitstehen, um den nervlich-seelisch schwer belastenden Job im Alten-und Pflegeheim auszuüben. Diese Belastung wird ja wiederum jeweils je stärker, je weniger Personal vorhanden ist.

„Wir haben alles im Griff auf dem sinkenden Schiff" - dieser satirische Spruch kommt da in den Sinn. Noch freilich dominiert Fortschrittsfrohsinn, ist der Humanbankrott, wie er sich zeigt in der hilflosen Reaktion des Staates auf die Nöte von Alter und Behinderung, nicht klar sichtbar. Noch bleibt weitgehend unbemerkt, wie sehr die Allmacht wissenschaftlichen Wissens und damit verschwistert die Macht des Fachregulatorischen a la „Pflegeversicherung" dem Leben Kräfte raubt. Und zwar Kräfte des Humanen, die im Menschen selbst angelegt sind, also solche, die weder den Quellen der Wissenschaft entspringen noch irgendetwas zu tun haben mit bürokratisch gehandhabten Gesetzesparagraphen. Irgendwann wird aber wohl sicher -nicht zuletzt erzwungen durch die schwere demographische Krise - eine Revision des Denkens einsetzen, die die Menschen quasi wieder mehr zu sich selbst kommen lässt, die Gewichte zurechtrückt zwischen dem von der Wissenschaft Gewussten und der Fachbürokratie auf der einen sowie der Lebensweisheit und praktischer Mitmenschlichkeit auf der anderen Seite.

Vorerst freilich gibt Entseelung den Kurs an, auch im Blick auf die sogenannten „letzten Dinge". Da wird - zum Beispiel - der Status des sogenannten

„Hirntods“ kreiert, um von Mensch zu Mensch Organe zu transferieren, wobei nach diversen Verlautbarungen hinwiederum gar nicht so ganz sicher ist, ob der „Hirntote“ bei der Explantation von ihm gehörenden Organen nicht vielleicht noch Unangenehmes empfindet. Immerhin meinen in diesem Zusammenhang einige Experten, man solle womöglich doch bei derlei Aktionen „vorsichtshalber“ stärker anästhetische Mittel anwenden. Es gibt beispielsweise Berichte von assistierendem Operationspersonal, welches darüber nachgrübelt, ob man es nun mit „lebenden Toten“ oder „toten Lebenden“ zu tun habe. Die Medizinindustrie preist es freilich als „human“, sozusagen als Inbegriff modernen Humanseins, für den Fall des Ablebens noch „brauchbare“ Organe sich entnehmen und den Artgenossen, die sie brauchen können, einpflanzen zu lassen.

Diese Medizinindustrie macht eben, was -an Prinzipien des Kommerzes orientiert - machbar ist. Sie braucht und will nichts wissen von irgendwelchen im Menschen-und Menschlichkeitserbe verwurzelten Handlungstabus im Blick auf Personen, die soeben vom Dieseits ins Jenseits hinübergeglitten sind oder diese Reise gar noch nicht ganz vollendet haben - gemessen an der Begriffseinschränkung des Todes durch den „Hirntod“.

So geht denn die notwendige Sanftheit beim Umgang mit Leben und Tod verloren Eiswind macht sich bemerkbar. Ob da nun respektvoll -

behutsamer Umgang mit betagten gebrechlichen Menschen durch bürokratische Rabiatheit ersetzt wird, ob da Transplantationsmedizin sich nicht schert um „Totenruhe“, ob da Embryonalanfangszellen wegen dort nicht entdeckter „personaler Würde“ zur Labormaterie werden - in all dem äussert sich eine letzendlich verderbenbringende Gefühlskälte.

Der Mangel an Mutterschaft ist insofern kein Zufall, sondern quasi systembedingte Verkörperung des Inhumanen., damit wohl auch Kennzeichen für eine Kultur, der die Überlebenschancen fehlen. Was aufs Ganze gesehen - wie schon angedeutet - wiederum als Zeichen der Hoffnung gewertet werden könnte. Hoffnung darauf, dass - ausgehend vom demographischen Scherbenhaufen - jene Kälte ein Ende hat und neue Humanwärme sich ausbreitet.

Apropos Mutterschaft: Plastisch ablesbar war vor einiger Zeit zum Beispiel der Verlust der Masstäbe an Anzeigenseiten eines Autoherstellers, auf denen Schwangerschaftsbäuche oder aber nach der Mamabrust tastende Händchen von Säuglingen abgebildet waren - selbiges mündend in einen Werbeslogan mit der Bekundung: Was die Natur vermöge mit der ihr eigenen „Intuition“, das sei auch diesem Autoproduzenten möglich. Dessen neue Autos nämlich vermittelten ein „Fahrgefühl“, das ganz ausgerichtet sei auf die „Intuition“ des jeweils das Motorgefährt Lenkenden. Eine besondere Geschmacksverirrung der

Werbebranche war das, die sehr viel aussagt über eine Gesellschaft, in der das Humanwesen Mutter knapp wird, nicht zuletzt weil Menschliches vernachlässigt, Technisches dagegen so extrem bewundert wird.

Da mag es denn leider nicht allzu viel nützen, wenn - wie das der Fall war - die Industrie in anderer Weise in grossformatigen Zeitungsanzeigen generell heile Welt vorgaukelt. Dies, indem sie etwa ein kleines Mädchen vor dem Hintergrund modernster Baufassaden aus modernsten Materialien sagen lässt: „Meine Mama macht dafür das Design." Soll wohl heissen: Alles ist in Butter. Mama kurbelt mit Kreativität und Fachwissen die Wirtschaft an. Und ich fühle mich als Kind dabei sauwohl! Schön wäre es, wenn die Dinge solcherart im Lot wären, wenn alles so harmonisch ineinander überginge - die Karriere im Job und das Familiäre. Jedoch: Die Verhältnisse - sie sind nicht so!

Kapitel vierzehn

Weltbevölkerung an der Wegscheide

„Wieviel Menschen trägt die Erde?“ Jahrelang waren Artikel in diversen Publikationen mit diesem oder einem ähnlichen Titel überschrieben. Dahinter verbarg und verbirgt sich noch immer die spannende, für das Überleben der Menschheit wichtige Frage, wieviele Bewohner auf dem Blauen Planeten existieren können, ohne dass dessen natürliche Ressourcen dabei katastrophal geschädigt werden. Und zwar vielleicht so sehr, dass zum Beispiel nicht mehr genügend Nahrung für eine wachsende Bevölkerung vorhanden ist und der Kampf gegen die Geissel des Hungers in bestimmten Regionen erschwert wird. Bislang scheint es noch nicht so, als könnte aus globaler Sicht Entwarnung gegeben werden. Dies, auch wenn -in weltweitem Masstab gesehen - die Fruchtbarkeit der Menschen zurückgeht. Neue Prognosen der UNO entfernen sich in ihrer Tendenz von früheren numerischen Horrorszenarien. Diese enthielten unter der Rubrik „höchste Variante“ unter anderem die Zahl von etwas über vierzehn Milliarden Erdbewohnern, die möglicherweise Mitte dieses Jahrhunderts erreicht werden könne. Nunmehr geht eine gängige Prognose für das Jahr 2050 von etwas mehr als acht Milliarden aus, in anderen ist die Rede von circa neun Milliarden. Das wären denn zwischen zwei und drei mehr als zu Beginn des Jahrhunderts.

Wie auch immer: Weiterhin senken sich dunkle Schatten der Besorgnis auf die globale Szenerie. Denn ein Anstieg der Bewohnerzahl um ein Drittel bis vielleicht gar die Hälfte eben von jenem Zeitpunkt an bedeutet unter anderem: In vielen Regionen der Dritten Welt wächst die Gefahr der „Übernutzung“ natürlicher Ressourcen mit der Folge etwa von schrumpfenden Waldregionen, ausgelaugten Ackerböden, Wüstenbildung, Schwinden von Wasserreservoiren, verpesteter Luft besonders in sich ausbreitenden „Megastädten“. Hinzu kommen globale Klimaschädigungen. Die Fruchtbarkeitsraten sind nach UNO-Prognosen teilweise noch sehr hoch ausgerechnet in besonders von Armut und Unterentwicklung geplagten Ländern. Das gilt beispielsweise für afrikanische Länder südlich der Sahara. Im übrigen taucht da manchmal ein Missverständnis auf, das der Korrektur bedarf. Sinkende Kinderzahlen pro Frau in der Dritten Welt führen noch lange nicht gleich zu einem Stop des Bevölkerungswachstums. Dies hängt mit dem Bevölkerungsaufbau zusammen: Wo es ausgesprochen viele junge Leute gibt, gibt es naturgemäss mehr Elternschaft als dort, wo dies nicht der Fall ist.

Apropos jung und Jugend. In etlichen Entwicklungsländern ist zwar das Bevölkerungsbild von hohen Anteilen eben jener Kategorie geprägt. Dennoch zeichnet sich aufs Ganze betrachtet auch dort ein deutlicher Trend hin zum Phänomen der „Alterung“ ab. Aus den von UNO-Demographen gesammelten Daten geht Folgendes hervor: Zurzeit ist der Anteil der über 60jährigen an der Bevölkerung in den Entwicklungsländern noch eher gering. Im Jahre 2000 waren es nur acht Prozent. Im Jahre 2050 wird jedoch nahezu ein Fünftel über 60 Jahre alt sein. Grundsätzlich ist dies zurückzuführen auf eine Abnahme der Kinderzahlen bei gleichzeitiger Erhöhung der Lebenserwartung. „Alterung“ bedeutet vielfach: Zu drückenden sozialen Problemen kommt eine weitere Bürde hinzu.

Anders nämlich als in Industrieländern existieren in vielen Dritte Welt-Ländern häufig kaum Auffangnetze finanzieller Art wie etwa die Rentenversicherung. Besonders schwer haben es dabei Landbewohner und Landbewohnerinnen, die von ihrer Hände Arbeit gelebt haben und dann im Alter ohne Hilfe sind, weil die jüngeren Familienmitglieder in die Städte gezogen sind in der Hoffnung, dort irgendwie ein Auskommen zu finden. Insofern hat übrigens der auch durch „Entwicklung“ nach westlichem Vorbild geförderte Prozess des Zerfalls traditioneller Stützwerke von Grossfamilien verheerende Folgen.

Prinzipiell taucht da eine Frage auf: Welche Art Entwicklung sollen Entwicklungsländer nehmen? Die Frage lässt sich stellen - ganz abgesehen von den riesigen Unterschieden im „Entwickeltsein“ dieser

Länder, das ein buntfarbiges Bild ergibt. Logischerweise müsste beides in Einklang gebracht werden: die Nutzung modernen Know-hows zur Schaffung von Arbeitsmärkten, die Wege weisen aus Armut und Unterentwicklung und desgleichen die Aufrechterhaltung lebenswichtiger familiärer Netzwerke - jener Geborgenheitsräume für das Miteinander von Jung und Alt, für den „Humanaustausch" zwischen den Generationen. Doch eben dies Letztere würde etwas voraussetzen, was schwer einzufordern ist: nämlich eine Solidarität der Geschlechter, die die permanente Niedrigstufung des Weiblichen durch Männer, insbesondere auch in Form der Niedrigstufung sogenannter „weiblicher" Arbeit verhindert. Es geht dabei vornehmlich um häusliche Arbeit, also Menschenversorgungs und -umsorgungsarbeit. Eine Arbeit , von der zwar entscheidende Kraftströme für die Gesellschaft ausgehen, die jedoch in der manndominierten Denkwelt, die um die Berufserwerbsarbeit kreist, kaum eine Rolle spielt.

Wie ein roter Faden zieht sich durch die „Weltbevölkerungsberichte", die Jahr für Jahr von UNFPA (United Fund for Population Activities) der Öffentlichkeit präsentiert wurden, der Appell, der Deklassierung des weiblichen Geschlechts speziell in sogenannten Dritte Welt-Ländern entgegenzuwirken. Die Rezeptur lautet unter anderem: Frauen befähigen, über die Zahl ihrer Kinder eigenverantwortlich zu bestimmen, ihnen die Tore weit zu öffnen für den Zugang zu Bildung und Ausbildung, zum Erwerbsarbeitsleben samt dessen Chancen finanzieller Eigenständigkeit, zu gesellschaftlichen Rängen, von denen aus für die Gemeinschaft wesentliche Entscheidungen getroffen werden. Bekanntlich ist es aber schwierig, in den betreffenden Ländern Bastionen der Männermacht zu schleifen, zumal diese Macht sich allzuoft tarnt hinter dem Paravent von überlieferter Kultur und religiösen Geboten.

Dabei würde es sich doch - um den globalen Blickwinkel beizubehalten - ganz von selbst anbieten, die vielzitierte „nachhaltige" (sustainable) Entwicklung zu knüpfen an eine menschen-und menschlichkeitsförderliche Entwicklung im Verhältnis der Geschlechter. Das aber kann wiederum nicht nur heissen: Mehr Einfluss für Frauen durch Anpassung des Weiblichen an das Männliche, sprich nur „Ummantelung" des Weiblichen durch Männliches und damit also Absolutsetzung männlicher Weltgestaltungsansprüche. In welche Sackgasse solches einmündet - dies führen ja die europäischen Länder vor, die sich so entwickelt haben, dass sie - siehe das demographische Menetekel - an ihrer eigenen Entwicklung zu ersticken drohen.

Humandienlich wäre es, eine Art Energiebalance zwischen den Geschlechtern herzustellen. Die Erfahrungsschätze des Weiblichen mit ihrer Nähe zur kreatürlichen Existenzbasis und zum natürlich Lebensbewahrendem gälte es angemessen in Bezug zu setzen zu männlichem Tatendrang und Gestaltungseifer, auf diese Weise auch deren destruktive Wirkungen eindämmend. Destruktive Wirkungen, wie sie sich beispielsweise in der Verherrlichung von Wissenschaft und Technik zeigen. Eine solche Geschlechter-Energiebalance wäre eigentlich unabdingbar gerade für einen Planeten, auf dem Naturkräfte einem lebenszerstörerischen Schädigungsprozess ausgesetzt sind.

Nehmen wir etwa das Beispiel der Naturressource Wasser. Da blinken am Planetenhorizont in besonderer Weise die Warnlichter. Im UNO-Weltbevölkerungsbericht des Jahres 2001 wird darauf verwiesen, dass sich in den sieben Jahrzehnten vor der jüngsten Jahrtausendwende - gemessen an der Situation wiederum davor - im Erdmasstab betrachtet der Wasserverbrauch versechsfacht hat. Die Prognosen des Berichts sind düster: Mitte dieses Jahrhunderts werden - so heisst es darin - über vier Milliarden Menschen auf dem Erdball leben, die nicht in der Lage sind, bei der Versorgung mit Wasser ausreichend ihre Grundbedürfnisse zu decken. Das Bevölkerungswachstum könne -so wird da übrigens generell geschlussfolgert - dazu führen, dass der Bedarf der Menschen an Energie, Rohstoffen und Wohnraum erheblich schneller steigt als er sich decken lässt. So gesehen mag es nur ein begrenzter Trost sein, dass dies Wachstum -langfristig gesehen - an ein Ende gelangt.

Jedenfalls: Die Millionen von Erdenbürgern und Erdenbürgerinnen, die zunächst noch Jahr für Jahr die „Humanmasse" auf diesem Globus grösser werden lassen, setzen seine Lebensressourcen gefährlichem Stress aus. Er ist für die Menschheit umso bedrohlicher, als sie ja der Natur schon so viele Wunden zugefügt hat. Trotz oder gerade wegen noch wachsender Erdbewohnerzahl weitereren schweren Schädigungen der Natur vorzubeugen - so sieht das Kunststück aus, das gelingen müsste. Auf den Handlungsfeldern der Zukunft sind da vor allem im Zusammenspiel zwischen Industrieländern und Entwicklungsländern Akteure gefragt, die Ressourcenerhalt und pfleglichen Umgang mit natürlich Gegebenem an die allererste Stelle der Erd-Agenda setzen. Das wären denn also weniger jene von offenkundig mächtigen Verbünden aus Wirtschaft und Wissenschaft, die Veränderung mithilfe von „Biotechniken" propagieren. Also Biotech-Konzernleute etwa, die Nahrungspflanzen gentechnisch zu „optimieren" sich anschicken gerade unter Hinweis auf steigende Nahrungsbedürfnisse einer noch anwachsenden Erdbewohnerschaft. „Gelobt sei, was sattmacht" - mit diesem verführerischen, nichtsdestoweniger hochrisikogespickten Motto werden die profitorientierten „Optimierer" künftig aber vielleicht noch hausieren gehen.

Ein Blick auf das demographische Globalszenarium: Es weist Ungleichgewichte auf, die ins Auge springen und Sorge bereiten: Was sich in Entwicklungsregionen - gerade in den besonders von Armut geprägten - mit Blick in die Zukunft als ein „Zuviel“ an Menschen darstellt, zeigt sich anderswo wie in Europa (oder in Japan zum Beispiel) als ein „Zuwenig“. Dies Letztere - also das „Zuwenig“ - könnte sich wiederum negativ auswirken auf die globale Zusammenarbeit, die nötig ist, um mit dem „Zuviel“ fertig zu werden. Schliesslich haben sich ja die „reichen“ Industrienationen verpflichtet, den „armen“ Entwicklungsländern zu helfen. Was aber ist, wenn der „Reichtum“ Europas wegen der ungünstigen Bevölkerungsentwicklung schmilzt? Das kann nicht ohne Konsequenzen bleiben für seine Position in der Weltwirtschaft und damit auch seinen Part beim sogenannten „Nord-Süd“-Dialog, der bekanntlich auf Solidarität der sogenannten Reichen mit den sogenannten Armen zielt.

So kann es denn dazukommen, dass Europa - eingeholt von seinen eigenen Bevölkerungsproblemen mit ihrer destabilisierenden Wirkung - anderen in der Welt mit ganz anderen Bevölkerungsproblemen ökonomisch-finanziell-entwicklungspolitisch nicht mehr so beizuspringen vermag wie das zu erwarten wäre Bei internationalen Konferenzen ist ja übrigens in diversen Dokumenten im Blick auf die Dritte Welt das Humanziel der Sicherung sogenannter „reproduktive Gesundheit“ festgeschrieben worden. Hinter diesem komplexen Begriff verbirgt sich eine den personalen Lebenszusammenhang in Gänze umgreifende Humankonzeption. Paare und insbesondere Frauen sollen nicht nur frei über die ihren persönlichen Wünschen angemessene Kinderzahl sowie den Abstand zwischen Geburten entscheiden können. Sie sollen -so die anspruchsvolle Forderung - letztendlich generell Lebensumstände vorfinden, die ihrem und dem Wohl ihrer Kinder förderlich sind. „Empowerment of women“ -also Stärkung der Rolle der Frauen - gilt auch in diesem Zusammenhang (siehe UNO-Dokumente) als Schlüssel zum Erfolg.

Eine gewisse Ironie liegt sicher darin, dass jene, die die Trommel rühren für sogenannte „reproduktive Gesundheit“ in Ländern der Dritten Welt, wie etwa die Europäer als Unterzeichner entsprechender Konferenzdokumente, Grund hätten, vor der eigenen Tür zu kehren. Schliesslich können ja Gesellschaften, denen es an Nachwuchs mangelt und wo die Lebensumstände so sind, dass dem Aufwachsen von Kindern Barrieren entgegenstehen, nicht als „reproduktiv gesund“ gelten. Sprich: die „alternden“ Deutschen etwa mit ihrem Geburtendefizit - und damit verbundenen Familienzerfall - können ja eigentlich nicht guten Gewissens zu Entwicklungsländern mit bedenklichem „Geburtenüberschuss“ sagen: „Macht es uns nach, so ist es richtig!“

Um einige demographische Globaldimensionen noch aufzuzeigen, hier ein kurzer Blick aufs Historische: Im Jahre 1804 lebten eine Milliarde Menschen auf unserem Planeten. Im Jahr 1927 - also bald ein-

einviertel Jahrhundert später - doppelt so viele, nämlich zwei Milliarden. 33 Jahre später - 1960 - waren es drei Milliarden. Danach verkürzen sich die Abstände des Bevölkerungswachstums: Nach vierzehn Jahren - also 1974 - sind es vier Milliarden, darauf nach dreizehn Jahren - nämlich 1987 - fünf Milliarden und um die Jahrtausendwende schliesslich wird die Zahl von rund sechs Milliarden erreicht. Bis das Wachstum der Menschheit den Zenit erreicht hat - wird die Erde bis dahin und darüberhinaus alles tragen und auch ertragen, wie ihre Bewohner mit ihr umgehen? Die Antwort auf diese Frage muss wohl offen bleiben.

Kapitel fünfzehn

Parole am Abgrund: Lernen, was nicht lehrbar ist !

Was ist los mit einer Gesellschaft, die sich ihrer Humanfundamente beraubt - dadurch, dass die Menschen sich nicht mehr bestandserhaltend fortpflanzen, einer Gesellschaft, die vom Fortschritt träumt, indessen jedoch per Geburtenschwund Rückschritt betreibt? Es ist sicher eine Gesellschaft, die wenig fähig ist zur Selbstreflexion, nur schwer in der Lage, sich im Spiegel der Lebenswirklichkeit illusionsfrei zu betrachten. Sie erzeugt ganz im Gegenteil Bilder von sich selbst, die dieser Wirklichkeit nicht entsprechen. Dies, indem ihre - im wesentlichen männlichen - Wortführer derlei Rückschritt weitestgehend ignorieren und dem Volk predigen, es solle sich gefälligst zusammenreissen, sich ins Fitnesstudio mit den Trainingsgeräten fürs Ökonomische begeben, um möglichst Topform zu erlangen für den Sprint in eine innovationsträchtige Zukunft. Diese Führungsfiguren wollen Ordnung schaffen in der „Deutschland-AG", durchgreifen, damit es unter anderem endlich stimmt am „Job-Markt". Jeder und jede soll die Ärmel hochkrempeln, nicht meckern oder nörgeln und die Kinder sollen lernen, was das Zeug hält, damit sie später im Job richtig

Leistung erbringen, Leistung, die sich lohnen soll in der Arena des globalen Wettbewerbs.

Zackige Reden sind das, die ablenken von jenem Tiefenblick ins Innerste ihrer Existenzbedingungen, den diese alternde Gesellschaft nötig hat. Gemessen daran, dass sie zunehmend an Kindermangel leidet, gleichen zum Beispiel jene, die zur Bildungsoffensive blasen, die Schüler und Schülerinen klüger machen und die Zahl der Studierenden steigern wollen, ein wenig Leuten, die aus Zitronen Saft herauspressen wollen, den selbige im erhofften Mass gar nicht enthalten. Klar ist eine bessere Bildungspolitik ein gutes Ziel. Aber da muss es ja auch stimmen mit dem von der Natur bereitgestellten Zahlenpotential der jungen Adressaten dieser Politik. Und genau da stimmt es eben nicht;da zeichnet sich für die Zukunft in der Naturbilanz ein gefährliches Minus ab, gegen das auch die tatkräftigsten Polit-und Wirtschaftsmanager, die nach der „Deutschland-AG" die „Ich-AG" erfunden haben, nichts werden auszurichten vermögen.

Selbstredend haben die Politiker einiges mitbekommen von diesem Minus, das die Grundfesten der Gesellschaft bedroht. Schliesslich hat unter anderem eine Enquetekommission des Deutschen Bundestages einen umfangreichen Bericht vorgelegt, der Beunruhigendes prophezeit, was die Bevölkerungentwicklung angeht. Aber Bericht hin, Bericht her: Im Grunde genommen gebärden sich die Politiker als Verdrängungskünstler. Sie wollen - so scheint es - gar nicht allzuviel wissen von dem Unheil, das sich da am Zukunftshorizont zusammenbraut und sie begreifen scheinbar kaum etwas von dem Humannotstand, der mit dem Geburtenschwund einhergeht. Letztlich sind sie Gefangene des vorherrschenden Systems des Denkens und Handelns , das sich offenbar alles erhofft von Universitäten, dagegen kaum etwas von lebenspraktischer Menschlichkeit, zu der es keines Hochschulabschlusses und keiner Fachausbildung bedarf.

Dieses System erweist sich - vorerst zumindest noch - als zählebig, vor allem weil es irgendwie nach der altbekannten Devise funktioniert: Was nichts kostet, ist nichts!. Also sprich: Wenn Frau Müller für sich und für Herrn Müller, den Ehemann, einen Schweinebraten bereitet und einen Apfelkuchen backt, wenn sie mit Tante Erna telefoniert, weil er dazu keine Zeit hat, wenn sie auf das Kind der Schwiegertochter aufpasst oder der alten Frau Meier von nebenan etwas aus dem Supermarkt mitbringt - dann ist das alles komplett mit „Null“ zu bewerten. Dies, weil dafür in der Welt der offiziell gültigen ökonomischer Masseinheiten kein Rechenschieber existiert.

Unter anderem auf diese Weise haben sich im Laufe der Zeit Fehlrechnungen aufgetürmt mit der Folge von Verweigerung der „Gebärarbeit“. Denn die Frauen haben sich dieser Art männlicher Ökonomiedefinition, die nur Berufsarbeit als Arbeit - als echte Arbeit -wertet, angepasst ;sie mussten sich ihr anpassen. Als solchermassen „geförderte“ und damit mannähnlicher gewordene Frauen blieb ihnen nichts anderes übrig, als eben den Part der Mutterschaft zu vernachlässigen. Und damit zugleich entstanden immer mehr rote Zahlen auf dem Menschlichkeitskonto der Menschen. Das im Alltag Füreinanderdaseinkönnen in Form des Kraftschöpfens aus familiärer Verbundenheit ist massiv erschwert worden. Das herrschende ökonomische System sucht jenen roten Zahlen beizukommen, indem es „Fachkompetenz“ aufbieten möchte. Beispielsweise sollen die gebrechlichen Alten, die familiärer Fürsorge beraubt sind, nach Aufdruck eines Pflegestufen-Stempels in Heimen „fachkompetent“ versorgt werden. Nun ist aber Menschlichkeit nicht an Fachkompetenz gebunden. Sie entzieht sich jedenfalls den Kriterien, die für das Wissen der sogenannten „Wissensgesellschaft“ gelten und ist demgemäss auch nicht in Geld aufzuwiegen. Ihr Fehlen aber kann eine Gesellschaft in den Ruin treiben und sie generell um ihre „Zukunftsfähigkeit“ bringen, um dieses Modewort zu verwenden.

Man stelle sich beispielsweise vor: Bereits jetzt ist die Rede vom sogenannten „Pflegenotstand“, ertönen schrille Rufe nach mehr „Fachkräften“, um katastrophalen Zuständen in Heimen vorzubeugen. Die Zukunft jedoch stellt sich apokalyptisch dar, gemessen an der Tatsache, dass es immer mehr alleingelassene alte Bürger und Bürgerinnen geben wird, aber - nicht zuletzt aus den den Arbeitsmarkt stark beeinflussenden demographischen Gründen - immer weniger solche Kräfte. Was vordem im familiären Privatraum vornehmlich von Frauen an Menschenbetreuung geleistet wurde, lässt sich nicht einfach in fremde Hände verlegen, deren Eigner im Grunde gar auch noch so tun sollen als hätten sie eine „Facharbeit" wie jede andere zu verrichten. Solcherart betriebene Auslagerung des Lebens aus dem Leben funktioniert nicht. Sie ist weder bezahlbar noch ist sie mit Humanität vereinbar.

Der Schluss drängt sich auf: Das System, so wie es sich etabliert hat - mit seiner Arroganz gegenüber dem, was aus Tiefenschichten des Lebens quillt wie eben natürliche Menschlichkeit in Verbindung mit natürlichem menschlichen Urteilsvermögen - ist nicht reformierbar, es scheitert an sich selbst. Das demographische Debakel ist der Beleg dafür. Weder hilft da der Griff in die vermeintliche Wundertüte einer massgescheiderten Zuwanderung, die genau dann einsetzen soll, wenn Deutschland Bedarf hierzu verspürt noch lässt sich da mit dem Zauberstab einer schönen „Familienpolitik" hantieren, um schwerwiegende Humandefizite auszugleichen. Entschlossen dreinblickende Politmanager, Dynamik versprühende Wirtschaftslenker und auf Klugheit in ihrem Fachbereich stolze Wissenschaftler und Forscher können über die düsteren gesellschaftlichen Perspektiven nicht hinwegtäuschen.

Wenn das Leben dem System sozusagen die Mütter verweigert, die für seinen Fortbestand nötig sind, kann vorgenannte Spezies des wesentlich Maskulinen nicht das Geringste ausrichten Nach und nach fällt so der Lack ab von der glänzenden Welt des technischen Fortschritts, die männlicher Geist konstruiert hat. Solcherart auch demonstriert das stille (weibliche) Geschlecht gegenüber dem lauten (männlichen) Geschlecht Macht. Wenn man so will: Macht mit Todesfolgen für die „Fortschrittskultur".

Dabei der Spezialfrage nachzugehen, was das Zusammenschmelzen der Jahrgänge Junger und Jüngerer für Berufsarbeitswelt und Wirtschaftskraft und soziale Sicherungssysteme im einzelnen bedeutet - das mag die Aufgabe kenntnisreicher kühler Rechner sein. Fest steht: Wirtschaften nach bisherigem Muster auf der Grundlage eines ewig brummenden Motors fortschrittlicher Fortentwicklung ist nicht mehr möglich. Nur so viel am Rande: Bei einem Kongress der „Deutschen Gesellschaft für Demographie" in Rostock im Sommer des Jahres 2002 brachte ein sozialökonomisch renommierter Politikberater die Dinge sarkastisch auf den Punkt, indem er seinen Vortrag mit dem Satz beendete: „Wir haben keine Chance, aber die müssen wir nutzen!"

Was müsste an erster Stelle der Agenda dieses in den Bevölkerungsgrundfesten angeschlagenen Gemeinwesens stehen? Vorrangig wäre wohl öffentlich betriebene Selbstprüfung - gewidmet der Suche nach den Ursachen der Misere. Dieses Buch möchte dazu einen Anstoss geben. Jene Prüfung ist wiederum nur möglich, wenn dabei offen gesprochen wird über die fundamentale Bedeutung des Geschlechterverhältnisses für die demographische Talfahrt. Viel zu schwer sind die das gesellschaftliche Handeln prägenden Gewichte des Männlichen, viel zu sehr Leichtgewicht die in dieses Handeln weitgehend eingebundenen des Weiblichen. Diese Unausgewogenheit ist einer der Hauptgründe für die Talfahrt, für die verhängnisvolle Reise dahin, wo sich für die Gesellschaft Abgründe auftun.

Die nunmehr bei Männern sich langsam verdichtende Erkenntnis, dass da irgendwie etwas nicht in Ordnung ist im Beziehungsgefüge zwischen den Welten des „Jobs“ auf der einen und denen des Häuslich-Familiären auf der anderen Seite, kommt zu spät. Zwar ist es ganz nett, wenn da gedanklich mit riesiger Zeitverzögerung nun dämmert, dass Frauen nicht die Gabe der „Bilokation“ besitzen, also des gleichzeitigen Verweilens an zwei verschiedenen Orten, in diesem Fall am Berufsarbeitsplatz und in der Küche bei den Kindern. Das ändert aber nicht das mindeste daran, dass die Akte des demographischen Dramas, das ja seinen Stoff aus langen Zeiträumen bezieht, sich erstmal sozusagen von selbst in Szene setzen. Die Menschen, die künftig die Bühne des Lebens bevölkern, werden nach und nach mitansehen müssen, wie Stützpfeiler einer Welt ins

Wanken geraten, in der beständig von „Wachstum" die Rede ist. Sie werden erfahren, dass Wachstum sich dann nicht „rechnet", wenn es die Ressourcen - hier die Humanressourcen - verschleudert, aus denen es sich speist.

„Kochen auf kleinerer Flamme" könnte - simpel und undramatisch gesprochen - ein Motto der Zukunft lauten. Das Wesentliche könnte dabei wieder ins Blickfeld kommen: Dass zum Beispiel nicht die Entwicklung einer neuen Computersoftware oder eine neue technisch optimierte Handy-Generation oder eine verbesserte medizinische Mikrochirurgie über Wohl und Wehe der Gesellschaft entscheiden, sondern dass ihre Vitalität wesentlich abhängt von den Humanenergieströmen innerhalb des Netzwerkes der privaten menschlichen Beziehungen. Jenes Netzwerkes, in das die Weitergabe des Lebens von Generation zu Generation eingebettet ist.

Da gab es - initiiert von regierungssoffizieller Seite - Plakate in der Öffentlichkeit, auf denen ein Kleinkind zu sehen war, das am Fuss einer breiten nach oben führenden Treppe herumkrabbelt. Darunter las man: „Gipfelstürmer brauchen ein Basislager". Damit wurde der Versuch unternommen, dem Volk sozusagen mit dem Holzhammer einzutrichtern, was nottut: Nämlich sich Zeit zu nehmen für Kinder. Der Satz hat jedoch eine darüber hinausgehende umfassende programmatische Bedeutung Denn

Faktum ist: Die Menschen als solche -Männer und Frauen, Junge und Alte - brauchen ein Basislager!

Traditionell waren es generell stets Frauen, die im Basislager des Lebens - also im Bereich des Häuslich-Familiären - Arbeit verrichteten beziehungsweise deren Verrichtung organisierten. Ihre Umsorgung von Menschen, ihr lebenspraktisches ihnen Zugewandtsein und Eingehen auf die Bedürfnisse nach Fürsorglichkeit ermöglichten dem männlichen Pendant Weltgestaltung, in welcher Form auch immer. Die Frauen sind jedoch - zumindest in westlichen Kulturkreisen - zu erheblichen Teilen ausgezogen aus dem Basislager, um in den gewissermassen „höheren" Regionen entlohnter beruflicher Erwerbsarbeit, also Regionen modernen gesellschaftlichen Anerkanntseins, mitzuwirken. Zwar mühen sie sich darum, zu vermeiden, dass die Nährstätten des privat Familialen, also die Ausgangsstätten für Berufsaktivität, nicht verwaisen. Aber das gelingt nur begrenzt. Und so kommt es denn, dass den Deutschen -und den Europäern - diverse Nachkommen fehlen. Sprich jene Nachkommenschaft, die im Zuge „natürlicher" Reproduktion auch dafür sorgt, dass geistige Lebenslinien einer Kultur und Zivilisation, in dem Fall des „Abendländischen", nicht zugeschüttet werden von den Sanddünen des Vergänglichen.

Was aus all dem folgt, ist sicher dieses: Es gilt neu zu lernen, was nicht lehrbar ist - zumindest nicht lehrbar an den Vermittlungsorten des wissenschaftlichen Wissens. Das ist - sagen wir es so - die Sprache des Herzens, für die es keine Studiengänge gibt. Eine „Gesellschaft am Abgrund“, nämlich eine mit einer demographisch ruinösen Entwicklung, eine, der es am scheinbar Selbstverständlichsten gebricht, nämlich an Kindern, die das Licht der Welt erblicken, muss diese Sprache wieder einüben. Nur so kann sie die natürlichen Gehäuse der Menschlichkeit, jene, in denen die Kinder beheimatet sind und in denen die Menschen das Leben miteinander teilen, einer gründlichen Renovierung unterziehen. Was unter anderem auch heisst: Sie muss Bausteine überall dort nutzen, wo sie zu finden sind. Überall, wo Menschen im Alltag füreiander einstehen, gibt es sie ja. Da wären - nur als ein Beispiel- auch die vielen oftmals auf lange Zeit angelegten Partnerschaften der Mann-Frau -Paare „ohne Trauschein“ zu nennen. Paare, die widersinnigerweise noch als einander völlig fremde Personen eingestuft werden, wenn es etwa um das Erbschaftsrecht geht.

Die Sprache des Herzens neu lernen - das wird Mut erfordern und Einfühlungsgabe und Respekt im Umgang der Menschen mit sich selbst sowie mit dem, was die Natur ihnen schenkt. Das wird nicht leicht sein angesichts der Diktatur des wissenschaftlichen Wissens. Vielleicht ist es aber wieder eher möglich in einer Gesellschaft, die allmählich merkt, dass sie auf eingefahrenen Bahnen des Denkens und Handelns mit ihrer Verheissung von immer helleren

Fortschrittshorizonten nicht mehr weiterkommt Dann womöglich mag auch die Erkenntnis Raum gewinnen, dass die Bevölkerungstatistiken der Demographen mehr über das Leben und seine Befindlichkeit aussagen als die Erbinformationsregister der Genetiker, die heute so viel von sich reden machen.

Nachwort

Wer sich detalliert wissenschaftlich über die demographische Entwicklung und ihre brisanten Folgen für die Zukunft der Gesellschaft informieren möchte, dem sei das Buch des bekannten Bevölkerungswissenschaftlers Herwig Birg mit dem Titel „Die demographische Zeitenwende“ (Untertitel: Der Bevölkerungsrückgang in Deutschland und Europa), erschienen im Beck-Verlag, empfohlen.

Institutionen, die ihr Augenmerk spezifisch auf Fragen der Bevölkerungsentwicklung richten:

Bundesinstitut für Bevölkerungsforschung in Wiesbaden (BIB)
Deutsche Gesellschaft für Demographie e. V.
Institut für Bevölkerungsforschung und Sozialpolitik der Universität Bielefeld (IBS)
Max - Planck -Institut für Demographie in Rostock
Deutsche Stiftung Weltbevölkerung (DSW) in Hannover
UNFPA (United Nations Populations Fund) in New York
Lehrstuhl für Bevölkerungswissenschaft der Humboldtuniversität Berlin
Lehrstuhl für Bevölkerungswissenschaft der Universität Bamberg

Kommission für internationale Bevölkerungsfragen der Deutschen Gesellschaft für die Vereinten Nationen (DGVN) e. V.
Institut für Demographie der Österreichischen Akademie der Wissenschaften in Wien
Wichtige Informationsquelle für Deutschland: Schlussbericht der Bundestagsenquete-Kommission Demographischer Wandel (Bundestagsdrucksache 14/8800)